中国语言与符号学研究会主办

语言与符号 （第9辑）
Language & Sign

主　编　王铭玉
副主编　田海龙　王　军　王永祥

北京航空航天大学出版社
BEIHANG UNIVERSITY PRESS

图书在版编目（CIP）数据

语言与符号. 第 9 辑 / 王铭玉主编. －－北京：北京航空航天大学出版社，2022.11
　ISBN 978-7-5124-3943-6

　Ⅰ.①语…　Ⅱ.①王…　Ⅲ.①符号学－研究　Ⅳ.①H0

中国版本图书馆 CIP 数据核字（2022）第 215097 号

语言与符号. 第 9 辑

责任编辑：李　帆
责任印制：秦　赟
出版发行：北京航空航天大学出版社
地　　址：北京市海淀区学院路 37 号（100191）
电　　话：010-82317023（编辑部）　　010-82317024（发行部）
　　　　　010-82316936（邮购部）
网　　址：http://www.buaapress.com.cn
读者信箱：bhxszx@163.com
印　　刷：北京九州迅驰传媒文化有限公司
开　　本：787mm×1092mm　1/16
印　　张：10
字　　数：219 千字
版　　次：2022 年 11 月第 1 版
印　　次：2022 年 11 月第 1 次印刷
定　　价：49.00 元

如有印装质量问题，请与本社发行部联系调换
联系电话：010-82317024　　　　　版权所有　侵权必究

《语言与符号》编委会及编辑部成员

编委会主任　胡壮麟
副　主　任　王铭玉　王腊宝　张　杰　赵毅衡

国际顾问　［法］Jacques Fontanille　［德］Roland Posner
　　　　　［日］池上嘉彦（Ikegami Yoshihiko）　［美］James Liszka

委　　员　（按拼音排序）
　　　　　曹　进　陈新仁　李美霞　林正军　卢德平　孟　华
　　　　　沈鞠明　田海龙　屠友祥　王少琳　王永祥　辛　斌
　　　　　于　鑫　张智庭　赵爱国

主　　编　王铭玉
副　主　编　田海龙　王　军　王永祥

编辑部主任　李玉凤
编辑部副主任　朱泾涛
编　　辑　王双燕　佟　颖　李　双

目　录

名家叙事

- 回忆我与国际符号学交往的这四十年
  ——略谈"什么是符号学"之问（下）

　　　　　　　　　　　　　　　　　　　　　　李幼蒸　　3

理论研究

- 洛特曼的符号域研究：批评与反思

　　　　　　　　　　　　　　　　　　　　　　吕红周　　13

- 格雷马斯叙事理论视域下高考"读后续写"情节生成范式研究

　　　　　　　　　　　　　　　　　兰　爽　郑淑敏　　25

- 精神文化符号学的信念探究

　　　　　　　　　　　　　　　　　　　　　　单　红　　39

- 《诗经·小雅》酒礼符号研究

　　　　　　　　　　　　　　　　　　　　　　季　宏　　49

- 符号文本空间中的青年亚文化
  ——以B站宣传片《后浪》为例

　　　　　　　　　　　　　　　　　　　　　　高小茹　　58

- 芝加哥学派符号互动理论中的语言符号阐述

　　　　　　　　　　　　　　　　　　　　　　曾德鑫　　67

译文选登

- 《符号学问题》主编前言

　　　　　　　　　安娜·埃诺（著）　　张智庭（译）　　77

- 现象空间中的解释：言语活动游戏与公共实施

　　　皮耶路易吉·巴索·福萨利（著）　　张彦梅（译）　　87

论文选登

■ 构式的语言符号观

于 鑫　109

书刊评介

■ 一体与多元之间：认知世界的符号学方法论
　　——读《文学符号王国的探索：方法与批评》

李玉凤　121

会议综述

■ 转变：意义科学的挑战
　　——法国符号学学会（AFS）2022年国际会议综述

张彦梅　131

■ 法国符号学国际会议上的中国声音

王天骄　145

■ 《语言与符号》征稿启事　　　　　　　　　　　　151

名家叙事

回忆我与国际符号学交往的这四十年
——略谈"什么是符号学"之问（下）

李幼蒸

摘　要：这是一篇有关作者几十年来参加国内外符号学学术活动的回忆文。作者从"职场进取"和"学术提升"两个不同的角度剖析"符号学学术"的身份、构成与功能，指出"符号学"不是一门特殊的专业或学科，而是一类学理方向和一类分析方法的泛称，二者可运用于人文社会科学内的各种不同专业或学科之上。由于中国人文学术思想史的历史背景和现实条件，外语界目前承担着引介、推广、组织中国符号学学术活动的主要责任，并可在各不同专业基础上从事不同的符号学研究项目。作者认为，在2012年南京师范大学外国语学院举办的国际符号学学会大会标志着国际"跨文化符号学"时代的到来。中华传统文化与学术是人类跨文明的人文学术世界的主要领域之一；跨文化符号学学术领域将会成为几千年中华文化、学术、思想史之现代化革新发展的重要方法论资源之一。为此目标，中国人文学者应该本着独立自主的科研态度，在国内外参与推进世界与中国的符号学学术发展事业。

当我在20世纪70年代末初步完成了第一阶段关于现代西方哲学、现象学、解释学、符号学、结构主义的"学习与探索"后，即有志于参与推进和发展中国人文科学学界内的符号学精神实践。我逐渐认识到，应该区分"狭义符号学"（即符号学职场）和"广义符号学"（以"符号学"标称表示的与职场符号学相关而进一步扩大展开的思想理论革新方向），前者的国际理论主流为语言学—逻辑学本位方向的，后者应该扩大为"符号学、解释学、现象学"综合开发的方向。这样的构想源于我认识到，此一广义符号学精神必然将是中国传统思想学术现代化发展的最重要工具体系之一，而后者必然首先涉及对当前国际主流理论的独立批评性与合理删选性工作。这样的独立理论批评的态度，其实既有助于西方符号学理论自身的改进，也有助于中西比较研究的学术建设（盲目跟随国际名流亦步亦趋，首先根本无助于中国符号学本身的开发）。本着独善兼济人生观，自1978年起我就开始思考着，在个人沿着全新方向弥补和提升自身知识的同时，如何参与促进中国学界人文学术理论的复兴与发展问题。考虑到刚从"文革"走出的中国学界实情以及新时期学人竞相求进的躁动状态，推动全新的符号学事业，必须协调有序地进行，即应该在公正而统一的领导下加以推进。当时我所在的现代外国哲学室以及现代外国哲学学会，作为最初的符号学组织者是相当适宜的，因为无论研究室还是学会，都具有跨学科和理论化特色。在 1982 年出国前，我首先为此引介了符号学、结构主义、解释学和现象学理论，并通过前述三种跨学科理论研究（电影，文学，历史）以及利科的"跨学科的哲学趋向"翻译，呈现了何谓跨学科"符号学理论研究"的范例。自 1987 年以哲学所现代外国哲学室和现代外国哲学学会为主（哲学所逻辑学室、社科院世界史所、社科院中国文学和外国文学所、《当代电影》编辑部、北大英语系和中文系、天津外国语学院等均为参与者）召开的京津两地各界人士参加的中国社科院符号学座谈会，提供了在中国学界组织跨学科的符号学事业可能性的讨论，到会者有不少学界领导与名家。素无等级名利意识的我，作为实际组织者之一，最为在意的就是参与者的动机问题。如果打算通过海外学术时髦作为在国内学界"争先恐后、捷足先登"的渠道，那么一切努力均属浪费时间。然而，中国社科院一直是我理想中的符号学"组织基地"，因为其本身具有的多学科体制提供了形成符号学运作平台的现成理想学术资源。我更倾向于由社科院某院所及领导担任未来学会"领导"，因这样的组织者可自然区分学者身份与领导身份，二者不至于混融（无论什么集体性学术活动，最怕的就是领导者或权威者借助自身地位并通过所领导的学会来推进自身和本派之职场利益，这样一来不仅行事不公，而且必然阻碍其他学科人士的参与）。是次座谈会，即使获得了上级领导的支持，我却最终判断：当时成立学会（那时成立全国性学会要比后来容易得多）根本没有意义。

1988 年夏初我启程赴德，从事一项符号学理论写作计划，但也在加入国际学会后继续在国外参与推进中外符号学交流之事。同时期，在日本逻辑学会鼓励下，中国逻辑学会也开始参加了国际学会活动。自 1989、1994、1997 年等国际大会期间，我与逻辑学会朋友都曾合作过，虽然我们的研究方向并不一样。等到 21 世纪开始返国后，我曾于 2000、2002、2004 三年与社科院世界文明研究中心合作举行了几次国内与国际符号学研讨会（2002 年的浙江大学研讨会可以说是第一次举行的全国跨学科符号学研讨会，由于逻辑学会负责人及院长黄华新先生的努力得以克服跨学科聚会障碍，使得哲学、史学、外语、中文、逻辑等领域学者终于汇聚一堂）。2004 年在社科院举行的国际符号学与人文科学研讨会，也许是第一次在中国举行的真正跨学科的符号学国际会议，是会由世界文明中心和国际学会委员会共同主办。在我的建议下，参会的十多位国际学者还将自己的专著带来赠予社科院图书馆，以供社科院日后领导中国符号学事业之用。然而可惜的是，最终得悉社科院并无意于担负此学术开拓重任（为了进行该次计划中的最后努力，会后我还往访参加大会的"图书信息中心所"所长，问询他们能否承担院内的跨学科学术组织工作。所长对我在大会发言中表达的对于未来中国符号学学术事业的展望表示钦佩，但谈到具体问题则敬谢不敏）。文明中心则建议我与清华大学逻辑学界合作，后来我们的确共同参加了 2004 年里昂大会，并组织了两岸学者参加的中国符号学圆桌会，并在德国波斯纳教授支持下，试图共同筹划一"东亚与南亚的符号学学会"（目的在于为推进"跨文化、跨文明符号学方向"有所准备），此一构想后来并未成功。

完全出于偶然，在 2004 年社科院国际符号学研讨会上遇到了参加研讨会并分担会务费和翻译工作的南京师大外语学院老师们，并立即开始了初步接触，不想成为其后彼此继续合作的机缘，并埋下了日后将国际大会引入南京召开的种子。我与南师大外院其后多次合作的成功，相当程度上源于南师大外院的朴素学风，因那里当时尚未出现任何学术权威（我那时最"怕"的是文学理论精英们，最为"警惕"的是刚刚获得了西方学位的海归们，因为他们必以西学导师为自身资格之证据，并为了申扬此种资格而企图主导国内研究方向，而这些国际导师们可能恰恰是我们既应与之交流又须批评讨论的对象。我的促进独立的中国符号学事业心愿当然会与他们的依洋自重态度发生冲突）。在 1987 年社科院座谈会上，无论是逻辑学界还是比较文学与英语界，都有"大佬"们表现出申扬各自话语权的姿态，竟致使我一时"闹场"失态，并感觉到提倡新知新学是多么困难之事。人们极少关心如何提升自己的学术而是纷纷依权借势，各逞威风。次年在慕尼黑比较文学大会的晚会上，我又与曾参加社科院座谈会的那位北大权威相遇。我正想好好与这位带头人谈谈如何合作推动中国符号学事业的事，不想这位"长辈"劈头一句就是："国际学会应该找中国比较文学学会来才对！" 20 世纪 80 年代的学术精英们固然"后生可畏"，但我也同样须小心应对一些曾经具有 1949 年前名校资历的老专家们（例如，人们普遍以为，凡是出身于西南联大的教授就是有资格承担当前学术指导者，"论资排辈人士误区"在此最为严重：因为将一般学养水平与现代学理程度混为一谈了）。他们还以为自己已然忘记得差不多了的民国时代西学知识之水平，即足以使其在新时期以学术权威自居，并理直气壮地要在学界指点江山。（研习继承民国时期学术思想为一事，认识到这些思想与国际水平的多方面差距为另一事。本人一贯避免将学术研究作为非学术目标之手段的态度，因为这将导致"因小而失大"。这是我与 20 世纪 80 年代精英们态度不同的根本原因。）这些对于近三十年来国际学术一无所知的老专家们的"49 年前"资历因可获得官方资格认定，遂真以学术复兴大业的带头人自居了。一些大佬们的学理落伍却自以为是，遂成为阻碍新知新学新理传播的一种具体障碍。就符号学的传播而言，那时一位根本不知当代符号学为何物的北大大佬，常在《读书》上随意发文，本人投稿则加以婉拒。（我写的《电影符号学》曾被出版社主编讽刺为"天书"；我译的罗兰·巴尔特文集被平反复职的一位著名胡风派文学批评家审阅后拒绝；甚至于我受邀翻译的先锋派电影理论长文也被一位圣约翰英语系主编在付稿酬后谢绝刊登。再次提及这些陈年旧事，不是为了发泄，而是意在指出后"文革"时期中国人文学界之实态，那本来将是我们人人均须积极补课和进学的时期，如何能够将其视为学界竞相标榜高低的机会？）我与南师大外院结缘的诸多因素之一，也许正因离开了大佬云集的"京城"之故。在共同筹备参加或组织的几次国际会议过程中（芬兰，西班牙，南京一，南京二），他们对于我的学术判断和建议充分信任。大家都是通过开诚布公合作来促进集体学术事业的，所以才最终办成了两次南京国际符号学大会，积累了在中国推进符号学事业的初步经验。

5

就符号学活动的组织方面言，中国外语界的优缺点都是显而易见的。因为在人文社会科学界大多数人不熟悉符号学等现代理论情况下，外语界因外语工具方便而最先接触到符号学，遂自然成为引介国外符号学知识的主要渠道。此一外语优点使其恰可适于作为中国人文科学现代化事业最初阶段的国际理论引介者和国际学术交流的组织者。他们在本领域直接进行自己的学术研究为一事（外语工作者可利用外语方便选择自身感兴趣的常规学科作为自身"符号学实践的学科基地"），而在全体人文学界引介和间接组织各领域的跨学科研究则为另一事。在中国符号学事业发展中此一中国学界特色（因国际学会学者是来自几十个不同学科的，而中国符号学事业目前主要来自"外语界"，辅以逻辑界、中文界、传媒学界）表现为参与者同时承担着两个不同任务：自身科研和引介及沟通国际学术。此一二重性是由中国学术思想史本身的历史特点造成的，我们应该承认此一事实的自然性和建设性。碍于今日全球职场化学科分划环境的限制，跨学科事业规模的拓广是不易具体安排的。另外，"外语"作为文教领域固然不是研究性专业（除了作为一般教育学专业外），但此一非属专科性的职场领域，却恰可因其非专科性而自然禀赋着学科开放性，外语学者不至于因坚持某具体专业的立场而产生学科排他性倾向。外语作为语言类工具，使其有条件最先接触国际学术资讯以发挥在中国学界传播新知新学新理的任务。

我们再来看本文提到的"什么是符号学"问题。国际符号学运动中素来有两大主流：英美逻辑哲学派（皮尔士，莫里斯，认知科学）和欧陆语言文学派。二者又同时牵扯到诸多不同语言学流派和不同的语言哲学流派间的错综复杂关系。这些流派又都存立于其他专科领域内，如语言学、文学批评、艺术理论、逻辑学、哲学等专业职场。其中任何流派或学科其实都在不同方面、不同规模上具有一定跨学科倾向，均可因此而强调自身具有此"符号学特性"，从而各自强调自身适宜于作为国际符号学平台上的主导者。此类学科、领域、专业、职场、流派间的犬牙交错形势，既可成为参加者来者不拒的原因，也恰可成为导致关于"符号学"的内涵、精神、原则、本质、方向认知混乱的根由。伯克利大会上的问题提出，既有学理上的必要，也有职场规则清理的需要。此一理论性问题连带着另一更具体的"符号学运作学"问题：在此错综复杂学术平台上是否可形成一个统一的"符号学学科"（semiotic discipline）呢？后者还进而与许多其他国内外"跨学科平台"问题相叠合，如比较哲学、比较文学、比较语言学以及传媒学理论等（新兴的传媒学基本上是一种实用技术性学科，而非理论性学科。但其跨学科特性鲜明，不仅涉及人文社会常识，而且涉及工程技术以及商业运作。难怪今日国际上真有借助"符号学"标签推行纯粹商业化广告学的组织）。而在符号学理论范畴内，无论是结构语言学还是英美语言哲学，都是与诸多其他学科与流派叠合在一起的。于是，当国际符号学平台（全国级学会再加上次级局部性学会），在国际学术职场全局环境内不得不思考如何竞争求存时，一个技术性问题正是如何首先为已然扩大展开的符号学学术活动重新定义的问题。在伯克利大会时，能够相对赋予"当代符号学"以统一性理论基础的是貌似逻辑性严格的艾柯的"语言哲学"。而且，艾柯作为"统一符号学界"的理论家和学者还有其他优越性：他是国际符号学界积极于"调和和统一欧陆派与英美派"的权威学者之一，其学术既涉及哲学学科又涉及文艺学科。皮尔士理论与索绪尔理论本属两大不同的理论思想，结果人们因二者使用着词形相同而意思并不相同的"sign"一词，而将此两大理论流派组合在一起，并以此作为建立一门"符号学学科"所需的统一性形象的技术性条件。（我当初在翻译符号学理论文字时之所以采取日本学界的暂时性译法——记号、符号、象征等，就是为了区别各种意涵近似而实义不同的诸原文概念。一般来说，欧陆人文思想较细腻，英美人文思想较粗放，而涉及自然科学类概念时，则正好倒过来。）如前所述，"符号学"不可能专指某具体学科，哪怕是新学科。然而国际同行间出于表达方便经常使用"符号学学科"这样的称呼，我们应该在此将"学科"理解为"领域"。否则就会说出这样同语反复的句子：符号学学科是"跨学科的学科"了。

在撰写本文时我重新翻阅了由已故学会秘书长贝尔纳德编辑出版的《国际符号学学会：1969—1994》一书，书籍装帧的简陋（因欠缺经费）不由使我想起这些曾经积极组织、推进国际符号学事业者的工作热情，以及在此过程中出现的大量人际摩擦和学术矛盾。围绕着"符号学"这个标称发生的种种足以贯穿20世纪西方人文科学发展史。过去二三十年来，一方面我曾参与其事，另一方面也不断对其提出批评。如今回顾，觉得围绕着符号学的此一领域、平台和学会组织所发生的种种问题，均应从不同角度加以分别看待和讨论。例如，国际学会或学术平台的"组织学机制"，一方面相关于职场竞争的需要，组织者自然利用其多学科、跨学科特点作为扩大组织规模的手段；另一方面，此一参与者均怀有的此一扩大学会组织规模的意愿，的确也源于学会最初于20世纪60年代末建立时的全新思潮之学理需要：在学科分划过细的时代，学会为方向方法类似而学科领域不同的各国学者，提供了相互交流借鉴的学术平台。此因20世纪60年代出现的不少人文科学理论新著都是采取多学科理论交叉思考的产物。然而，此一最初自然的学术交流需要，在20世纪70年代起人文学术职业化迅速拓展背景下，逐渐演变成了因职场竞争需要而积极于扩大学会规模的态势。从现代符号学思想史上看，我开始接触、参加国际符号学活动的20世纪80年代，恰恰是学会生态发生此"机制性能"演化的过渡期，故亲身体会到国际学会的"身份"是如何在悄悄进行演变的。我们中国符号学事业也恰恰正是开始于此时期，随之产生的各种问题也都与国际学会生态的演变息息相关。但是，二三十年来我个人虽然参与着学会工作，我的符号学观却与国际主流非常不同，不仅在西学领域内与之不同，更在"跨学科符号学"和"中国符号学"领域内与之完全不同。但"存在决定意识"，他们全部都是受教于、生存于、运作于职场制度性规范与程序中的，其所思所行无不受制于职场环境的压力与机会，结果必然是最终滋生出种种商业化学术风气：学术目的成为"职场求成"而非"学理求真"。学术真伪不过成为职场成败的修辞性美化。此一与欧陆20世纪60年代学界相当不同的治学精神与学界气氛，如果被视为"国际标准"而加以效法的话，岂非根本违背了符号学精神？此一结论当然是从"学术角度"得出的。而决定着国际人文学术方向的则是全球化时代产生的职场决定论。

最后，让我们试将"符号学"的多重所指性概述如下。

首先，它是指20世纪出现的多种西方经典理论集合体，它们虽然都具有跨学科特点，但其"生产"的基地仍旧是诸传统学科，如语言学、文学理论、哲学理论、逻辑学、各种艺术学。每一"符号学经典"在学科分类上仍然都"属于"某传统学科，它们多是在传统学科内进行跨学科理论创造的结果，而非什么"符号学学科"的产物。这些经典著作都是所谓"部门符号学"作品。在此，"符号学"指称的是：方向、观点、方法、风格，而非"学科"。这些经典作品带出了一代代追随者，但他们各自都"属于"自己选择的常规学科门类，并非属于并不存在的"符号学学科"。

20世纪60年代兴起的国际符号学活动，是上述这类学科学者们的跨学科聚会平台，意在促进彼此交流各种符号学研究方法的经验，那时正逢20世纪人文科学最为兴旺的时期，符号学运动的产生乃是时代人文科学革新思想高涨时期的现象。大家今日熟悉的诸多西方符号学学者不少都是当时热情参与该符号学运动（由欧美学界、东西阵营、自然、社会、人文界的几十个学科学者领导下的产物）的学生一代。在此，"符号学"仅只泛指这类学术交流的平台与环境的总体现象以及由之产生的国际理论思潮。

易于令人困扰的是作为"一般理论"泛称的"符号学"，如有人将其比喻为一种"准哲学理论"。国际符号学界存在有不少哲学、逻辑学和语言学等单学科本位的一般符号学理论家，他们企图为各种部门符号学现象提出某种统一理论，以增加百年来诸部门符号学理论成就的科学统一性。在我看来，这些努力仅具有片面的理论性价值，而且因其违背着符号学跨学科思考精神，反而暴露出这些学者对于"什么是符号学问题"并未真实把握。但是，在哲学学科和符号学思维方式之间的确具有最具积极性的互动关系，不过此种理论性关系是间接性的，决不可将符号学理论直接挂靠到现成哲学流派上，无论是科学哲学还是存在主义。另外，这类符号学形式的哲学理论（恕我不必提名道姓）大多属于"理论化装饰"一类，其理论性话语其实是欠缺学理价值的，更与各部门符号学没有什么关系的。

我用泛泛的"符号学精神"（符号学式理论思维方向）一词，旨在强调参与者不可为了标新立异以取得职场声誉从而随意将某某学术研究都称之为"符号学"，视"符号学"三字为某种理论时髦标称，却忘却了其"精神"必然相关于"传统人文思想"的语义精细化任务，因此所谓部门符号学研究一定是符号学方法与常规学科间结合的产物，都是离不开传统思想史实体的。正如自然科学和社会科学都是以语词概念定义明确性为前提一样，所谓人文科学也须遵循同一理性化思考原则。但此任务比自然科学困难无数倍，因社会文化现象比自然现象复杂无数倍。此一任务需要学者在传统话语内嵌的多义性、含混性与现代理论论述的清晰性、明确性之间，维持一种充分可理解的认识论平衡。与自然科学和社会科学不同，人文科学既须照顾到传统话语的"歧义性与多义性"，又须照顾到现代理论思维的逻辑性与科学性，以便在古今中外各类人文话语系统之间促进其建设性的、合理性的沟通与协适。换言之，符号学精神是与现代化的人文科学建设目标一致的，故其自然存在于各类传统学科中间，并必然是运作于各常规学科基地之上的。实际上，现代符号学运动的主要内容即由各领域、各学科、各部门的跨学科理论研究成果组成。

最后，基于以上理解，还有一种更为含义宽泛的"符号学方向"（与符号学精神大略同义）概念。此问题就更加不是关于"什么是符号学"而是关于"如何使用'符号学'标称"。仅由于欠缺适当词语而不得不将符号学一词进一步扩大使用，将其作为全球化时代人文科学现代化建设的"新战略方向"之代称或总称。它当然包含着一切常规符号学理论成就，但也须广泛纳入其他国际学术上的认识论、方法论理论成果，也包括国际学界至今甚少把握的、具有现代理论性潜能的中华学术传统内的成果，如汉字语义学、考据学、辨伪学、类书学、人本主义伦理学以及"中国历史话语结构研究"等。对于人类文明全体发展来说，跨学科、跨文化、理论化的人文科学革新发展必将提到人类文明总体发展的日程上来。正当人类实现太空旅行新纪元之际，本人对于人类人文科学现代化革新必要性与可能性的信心反而因此倍增；其中的关键性促动力之一，即符号学思维方向之发展以及其在人类人文科学革新事业中之贯彻。

作者简介

李幼蒸，1936年生，国际著名符号学家，旅美独立学人，中国社科院世界文明比较研究中心特约研究员，国际中西哲学比较研究学会（ISCWP）顾问。曾任国际符号学学会（IASS）副会长，法国高等社会科学院短期客座教授（1990），柏林工大和德国波鸿大学哲学所客座研究员（1988—1997）；先后在普林斯顿、哥伦比亚、慕尼黑等校哲学系（1982—1984），法国人文科学基金会（MSH）、辅仁大学中西比较研究所、佛光大学哲学系以及斯坦福大学比较文学系（1989—1999）等学校和研究机构访学。研究方向主要有现象学、解释学、符号学、结构主义、中西比较伦理学等。主要著作有《结构与意义》《理论符号学导论》《形上逻辑和本体虚无：现代德法伦理学认识论研究》《历史符号学》《仁学解释学》《仁学与符号学》、The Structure of the Chinese Ethical Archetype（中国伦理学原型的结构）、The Constitution of Han-Academic Ideology（汉代学术意识形态的构成）、Epistemological Problems of the Comparative Humanities（比较人文学的认识论问题）等。主要译著有《纯粹现象学通论》《野性的思维》《结构主义》《哲学和自然之镜》《符号学原理/写作的零度：结构主义文学理论文选》《符号学原理》《符号学历险》《结构主义和符号学：电影理论文选》等。

理论研究

洛特曼的符号域研究：批评与反思

吕红周

摘　要：今年是尤里·洛特曼诞辰100周年，作为莫斯科—塔尔图符号学派的领军人物，他的文化符号学理论至今仍具有世界性影响，如符号域、模式化系统、边界、文本等概念在今日的符号学、翻译学、诗学、文学等领域依然具有理论意义。本文以史学的范式，梳理1984年洛特曼首次提出符号域以来国内外的研究状况，重新思考符号域的概念、特征、符号域的本质是关系还是空间、符号域是一元、二元还是多元等一系列存在互相矛盾的基本问题，希冀能廓清概念，为今日全球化语境下的翻译研究和文化研究带来新的启示。

关键词：尤里·洛特曼　符号域　符号学批评　莫斯科—塔尔图符号学派

1 引言

尤里·洛特曼（Juri Lotman，1922—1993）是苏俄文学家、文化学家和符号学家，洛特曼的学术成就得到国际学界的认可，曾任国际符号学协会副主席、英国科学院通讯院士（1977）、挪威皇家科学院院士（1987）、瑞典皇家科学院院士（1989）、爱沙尼亚共和国科学院院士（1992）[①]。洛特曼学术兴趣广泛，如结构诗学、文化类型学、小说、艺术、电影、符号学等，主要著作有《艺术文本的结构》（*Структура художественного текста*, 2018）、《诗学文本分析》（*Анализ поэтического текста*, 1972）、《俄罗斯文化讲座》（*Беседы о русской культуре*, 2017）、《俄罗斯文化的历史与类型》（*История и типология русской культуры*, 2002）、《不可预测的文化机制》（*Непредсказуемые механизмы культуры*, 2010）、《普希金小说〈叶甫根尼·奥涅金〉评论》（*Роман А. С. Пушкина Евгений Онегин: комментарий*, 2014）、《电影符号学和电影美学问题》（*Семиотика кино и проблемы киноэтики*, 1973）、《思维的世界》（*Внутри мыслящих миров*, 2016）、《文化与爆炸》（*Культура и взрыв*, 2018）、《符号域》（*Семиосфера*, 2010）等。此外，俄罗斯圣彼得堡艺术出版社在1994年到2003年间出版了九卷本洛特

---

① 1950年洛特曼在圣彼得堡大学毕业后，曾打算做一名乡村教师，也曾去动物园博物馆找工作，但都没有成功。一个偶然机会洛特曼获得了苏联第15个加盟共和国爱沙尼亚共和国塔尔图师范学院（Тартуский учительский институт）的一份教职。从1950年9月开始，他在爱沙尼亚生活和创作。1954年在叶戈罗夫（Б. Ф. Егоров）大力举荐下，洛特曼正式成为塔尔图大学的教师。1960年洛特曼担任俄罗斯文学教研室主任，1964年举办首届夏季符号学研习班并于该年创办了世界上最早的符号学刊物《符号系统研究》（*Труды по знаковым системам*, Sign Systems Studies），1993年逝世于塔尔图。参见 Б. Ф. Егоров. *Жизнь и творчество Ю. М. Лотмана*. Москва: Новое литературное обозрение, 1999: 45 – 48.

曼著作集①，涵盖了洛特曼不同时期的学术作品。洛特曼是最早采用结构主义符号学方法研究苏联文学和文化的学者，是莫斯科—塔尔图符号学派②的奠基人。爱沙尼亚共和国的塔尔图大学因洛特曼的学术活动而享誉世界，该校艺术与人文学部下设有哲学和符号学学院③，尤里·洛特曼的儿子米哈伊·洛特曼（Mihhail Lotman）就在该学院任教，继续从事一般符号学和文化符号学研究。

2 洛特曼研究历史回顾

截至 2021 年 5 月 22 日，笔者在中国知网以"洛特曼"为篇名检索条件，去除不相关和重复选项，检索结果如下：博士学位论文 5 篇、硕士学位论文 6 篇、期刊和辑刊论文 123 篇；以"符号域"为篇名检索条件，去除不相关和重复选项，得到硕士学位论文 1 篇、期刊和辑刊论文 15 篇、译文 4 篇、英文论文 1 篇；以"符号圈"为篇名检索条件，去除不相关和重复选项，得到博士学位论文 1 篇、硕士学位论文 4 篇、期刊、报纸、会议论文 7 篇。专著有张杰和康澄《结构文艺符号学》（2004）、王立业《洛特曼学术思想研究》（2005）、康澄《文化及其生存与发展的空间：洛特曼文化符号学理论研究》（2006）、郑文东《文化符号域理论研究》（2007）、白茜《文化文本的意义研究——洛特曼语义观剖析》（2007）、陈戈《不同民族文化互动理论的研究》（2009）、杨明明《洛特曼符号学理论研究》（2011）、张海燕《文化符号诗学引论——洛特曼文艺理论研究》（2013）。台湾张汉良等的论文《符号学的生命基础——以塔尔图学派为例》（2002）和《塔尔图符号学在中国的传播》（2014）、吴硕禹的博士论文《翻译学作为符号系统研究》（2014）等。

尤里·洛特曼去世后，原苏俄文化符号学阵营的学术组织变得更加松散、研究方向也不再局限于文化符号学，出现了生物符号学、翻译符号学等。因此，塔尔图学派又被称为后莫斯科—塔尔图符号学派或新塔尔图符号学派。他们对洛特曼的学术思想有所继承和发展，如米哈伊·洛特曼的论文《符号域的悖论》（2001）和《环境界与符号域》

---

① 洛特曼九卷本文集分别是：《俄罗斯文化讲座》（*Беседы о русской культуре*, 1994）、《普希金》（*Пушкин*, 1995）、《论诗人与诗歌》（*О поэтах и поэзии*, 1996）、《卡拉姆辛》（*Карамзин*, 1997）、《论俄罗斯文学》（*О русской литературе*, 1998）、《论艺术》（*Об искусстве*, 1999）、《符号域》（*Семиосфера*, 2000）、《俄罗斯文化史与类型学》（*История и типология русской культуры*, 2002）、《心理的素养》（*Воспитание души*, 2003）。
② 20 世纪 60 年代形成的具有世界影响的以洛特曼为核心领袖的莫斯科—塔尔图符号学派，成为苏联符号学的代名词。苏联的第一次符号学会议于 1962 年在莫斯科举行，1964 年在塔尔图附近举办了首届符号学夏季讲习班，所以历史上有莫斯科—塔尔图符号学派的称呼，这是按照时间顺序给这一学派的命名。
③ 1992 年在尤里·洛特曼倡议下，塔尔图大学从俄罗斯文学教研室分出了独立的符号学系，像 Juri Lotman（1922—1993）、Jakob von Uexküll（1864—1944）、Peeter Torop（1950— ）、Kalevi Kull（1952— ）、Mihhail Lotman（1952— ）等学者，为符号学学科发展作出了重要贡献。此外，该中心建有 Thomas A. Sebeok（1920—2001）memorial library，1964 年创办的 *Sign Systems Studies*（最初命名为 *Труды по знаковым системам* -Σημειωτικη）到 1992 年停刊，1998 年复刊后由俄文改为英文出版，截至 2019 年共刊出 47 卷。Thure von Uexküll, Eero Tarasti, Thomas A. Sebeok, Jesper Hoffmeyer, John Deely, Winfried Nöth, Dinda Gorlée, Umberto Eco 等众多学者都曾是塔尔图大学符号学系的访问学者。

（*Umwelt and semiosphere*, 2002）、卡莱维·库尔的论文《符号域与双重生态学：交流的悖论》（*Semiosphere and a Dual Ecology：Paradoxes of Communication*, 2005）、谢梅年科（Aleksei Semenenko）的专著《文化的纹理——尤里·洛特曼符号学理论引论》（*The Texture of Culture：An Introduction to Yuri Lotman's Semiotic Theory*, 2012）等。

洛特曼研究艺术和文化的宗旨在于创立文化描写元语言，进而为不同文化间的平等交际寻找平台，而符号域（semiosphere）无疑是洛特曼文化符号学理论体系中最重要的概念之一，被许多研究洛特曼的学者奉为经典和核心概念，"代表着俄罗斯符号学研究的最高成就"（陈勇，2017：44）。但这样一个核心概念在现有文献中却存在着不少矛盾或悖论之处，如符号域如何既是关系又是空间？符号域究竟是一元、二元还是多元？为澄清疑惑，本文以史学范式，系统梳理1984年洛特曼首次提出符号域以来国内外的研究状况，重新思考符号域的概念、本质、特征，希冀能为今日之翻译研究和文化研究带来新的启示。

3 符号域概念的辨析与再思考

3.1 符号域概念的缘起

洛特曼于1984年在《符号系统研究》（*Sign Systems Studies*, 1984, vol. 17, pp. 5—23）上发表了《论符号域》（О семиосфере）一文，首次提出了自创概念"符号域"。经笔者查阅，1992年爱沙尼亚塔林亚历山德拉出版社出版的《尤·米·洛特曼文集三卷本》（*Ю. М. Лотман. Избранные статьи в трех томах*），1996年莫斯科俄罗斯文学出版社出版的《思维的世界》（*Внутри мыслящих миров*），2000年圣彼得堡艺术出版社出版的《符号域》（*Семиосфера*）的论文集都收录了该篇论文。《论符号域》的英译版刊发在《苏联心理学》（*Soviet Psychology*）1989年27卷第1期，2005年克拉克（Wilma Clark）重译了该文并刊登在 *Sign Systems Studies* 第33卷第1期，本文写作基于1984年俄文版和2005年英译版的对比。尚未看到"论符号域"的中译版发表。康澄博士学位论文《文化生存与发展的空间——关于洛特曼文化符号学中符号圈理论的研究》（2005）和郑文东的博士学位论文《文化符号域理论研究》（2007）同时是教育部人文社会科学研究2006年度规划项目，是对洛特曼符号域概念较为集中的研究成果。

洛特曼在《论符号域》一文的开篇即点明宗旨：重新审视现代符号学的一些基本概念，这种审视是出于对符号学两个科学传统的不满：皮尔士和莫里斯传统中单独的符号是首要因素，所有的符号现象只不过是单独符号构成的符号序列；索绪尔传统中将个体交际行为视为首要模型，并基于经验将个体交际上升为自然语言模型，进而又将自然语言模型上升为普适的符号模型，符号学仅仅作为语言学方法的扩展，而并未超出语言学研究对象的范畴。

洛特曼发现了潜在的问题,指出了这种"从简单到复杂、把复杂对象物归结为简单的总和"研究路径的危险性,他计划从一个不同的概念出发来解决符号学研究现有的问题,避免对单义系统的孤立审视,选择一个动态的、多层级的、具有时空属性、拓扑性质的概念,而这一概念就是符号域。"只有处于某种符号连续统中,它们才能发挥作用,这种连续统由不同类型和层次的符号构成。类比于维尔纳茨基(V. I. Vernadsky,1863—1945)提出的生物域,我们将这种连续统称为符号域。"(Лотман,1984:5—6)这里连续统并不是像光谱带上的颜色渐变,或语言标记中涉及的特征连续性,洛特曼借助连续统想建构一个类似于格式塔的整体理论,可类比于索绪尔的语言系统观,即语言系统是自上而下切分得到了语言的层级单位,而并非相反(吕红周,2010:58)。在洛特曼看来,符号域是文化的整个符号空间,人类思维的运行机制是符号域而并非单独的语言。洛特曼的这一观点强调了整体性相对于其组成部分的优势,他使用的是复杂的/简单的这一组对立,文本是复杂的,符号是简单的,因此,文本是第一的(primary),符号是第二的(secondary)。米哈伊·洛特曼认为,从范式研究的角度看,达尔文的"环境(enviroment)"、牛顿的"对象和空间(object and space)"、马克思的"社会系统和社会环境(social system and social environment)"(Lotman,2002:35)等研究范式的出发点是完全自然的且与常识一致,而冯·乌克斯库尔的"环境界(umwelt)"以及洛特曼的"符号域(semiosphere)"则与常识相反:有机体创造它自己的环境界;文本创造了它的上下文,进而事物不是存在于时空,而是存在本身创造了时空。洛特曼的符号域概念旨在解决身份危机问题,每一个符号单位(符号、文本、心智、作为整体的文化)的存在都需要他者,这个他者就是一个先在的符号、文本或文化,符号域这个整体是最原始的单位。

事实上,洛特曼在1982年3月19日写给乌斯宾斯基的信中就提到了维尔纳茨基:"我最近读维尔纳茨基有点儿入迷了,我们有很多相同的想法,我正在就此写一篇关于符号学的文章……我从维尔纳茨基丰富的地质学研究经验里发现了有根据的论点:生命只能源于生命,即在此生命之前存在着彼生命……我曾经在我们研讨会上提出过,一个文本之前仍有其他文本,任何发达的文化之前应该存在着另一个发达的文化……只有先在的符号域使得信息成为信息。只有理智的存在能够解释理智的存在。"(Лотман,1997:629—630)在洛特曼看来,生物域包括地球表面的所有生物,表征的是宇宙的运行机制,它的存在占据着特定的地球物质空间。而符号域空间则是抽象的,其状态是"处于一个封闭的空间",因为"只有在那样的空间中才可能实现交际过程和产生新信息"(Лотман,1984:6)。

洛特曼反对部分构成整体、单个构成总和这种机械、简化的思路,这也是他从维尔纳茨基那里借用了连续统概念并将之视为符号域根本特征的原因。皮尔士符号学研究的任务是要重建人类的概念体系,从而找到能解释整个宇宙的科学知识,因此,他持广义的符号观,即使宇宙不是由符号构成的,至少是充满了符号。在寻找统一性方面洛特曼与皮尔士是一致的，但洛特曼似乎更强调符号的整体性，"整个符号空间可被视为一个统一的机制（若不是机体的话）"（Лотман，1984：7）。由此，也就将符号宇宙限制在符号域内部，符号域的外部是什么以及如何运作的我们不得而知。洛特曼的符号宇宙范围要比皮尔士小得多，既然是符号域，那么，即便是不同的分类依据，也应该是一个全域，如自然符号和人工符号的全球符号（或有形符号/无形符号①，语言符号/非语言符号，物质符号/精神符号等），而不能也不应直接缩减为语言符号和由此表征的文化符号："符号域的边界是过滤器，透过它们实现从一种文本到符号域之外的另一种语言（或多语言）的转换……"（Лотман，1984：8）洛特曼的符号域已经成为语言符号域或文化符号域，非语言符号域和非文化符号域则被排除在外。

洛特曼的努力未能使符号域摆脱传统二元对立的束缚，在一些关键和核心特征上洛特曼似乎也没有给出清晰的界定，似乎符号域既是物质的也是精神的、是抽象的也是具象的、是机制又是空间、是连续统又存在边界、需要交际却又必须处于一个封闭的空间才可能产生新的信息，既然符号域之外不可能存在符指过程，人们又如何能认识世界、认识宇宙？运行机制不同，符号域外部又是如何被识别、过滤、加工、符号化为符号域的构成部分，对于这些问题我们都还心存疑虑，需要继续寻求合理的解释。

3.2 符号域本质的追问：符号空间→符号关系→符号系统

洛特曼受维尔纳茨基生物域影响而创造了符号域概念，那么，符号域的本质到底是什么？在洛特曼符号学理论的众多概念中，文本、系统、记忆、对话、翻译等与符号域最为密切，它们之间互相交织、互相影响，如对话被认为是一种翻译，同时对话又是符号系统的基础，各种文本是记忆的积淀，同时文本之间可以是对话关系和翻译关系，各种文本的总和构成文化系统。

我们从层级性关系出发，梳理洛特曼符号域理论中的符号空间、符号关系和符号系统三个概念，深入剖析这三者的内在关系，指出用这三个概念界定符号域本质所存在的矛盾和问题：符号域的本质是符号空间、符号关系还是符号系统？

3.2.1 符号域是符号空间

首先我们要厘清一个基本问题，即维尔纳茨基（Vernadsky，1998：58）的生物域指地壳层的生物构成的薄膜，生物是决定地壳机制的一种地质作用力。生物域是所有生物共同构成的，表征宇宙的存在与发展机制，即宇宙中能量的加工与转换，表现为光能转换为化学能和物理能，这不仅是有机物，还是无机物的一种存在状态；而符号域表征的符号宇宙的机制，即符号转换或符指过程，表现为将非符号的事物通过符号化过程转换为

---

① 广义符号观下，任何事物或对象都是潜在的符号，符号把自己变成符号的过程叫作符指过程，皮尔士的符号宇宙、西比奥克的全球符号学都属广义符号观。贾洪伟先后撰文批判了已有符号分类的不足，提出了有形符号、无形符号，详情参考：贾洪伟《雅可布森三重译域之翻译符号学剖析》（解放军外国语学院学报，2016年第5期）和贾洪伟《翻译符号学的符号分类与转换》（山东外语教学，2018年第1期）。

信息。按照自然的历时发展顺序应是：生物域（biosphere）→人域（noosphere）①→符号域（semiosphere），但三者的范围大小应是相反的次序：符号域（semiosphere）→人域（noosphere）→生物域（biosphere）。生物域是地球上所有生命构成的时空连续统，是"生物延续的条件，符号域则是文化发展的条件"（Лотман，1999：165）。由此不难得出这样的认识：符号域与生物域是一种间性关系，且符号域具有符号空间特征。

洛特曼（Лотман，1984：7—23）用了大量篇幅论述符号域的界限性和非均衡性②。符号域的空间特征经历了从抽象到具体的发展，或者可以说同时具有抽象和具象的双重性，可以在洛特曼的以下表述中找到根据："如果智慧域具有物质空间存在，包括地球的一部分。那么，符号域的空间就具有抽象特征。"（Лотман，1984：6）洛特曼没有坚持符号域空间的抽象性，他又论述了符号域的另一特征："当文化空间具有地域属性时，边界获得了基本的空间意义。"（Лотман，1984：7）

关于符号域的空间属性国内学者们曾有过论述，如康澄（2005）将符号域视为"文化生存与发展的空间"；如"这样一个实体，呈现为文化符号错综交织的空间模式，就是符号域……洛特曼的符号域思想，立意就是克服文化评价上的成见和偏见，构建一个普世性的（即能包容一切民族文化的）空间模式"（白春仁，2007：2—3）。我们似乎能合理地将符号域理解为一个空间，因为符号域是基于生物域的类比，符号域就是人类的生物域。问题到此还远未结束，即便我们可以接受符号域是空间的设想，那么，下一个问题就是符号域的运作机制是什么？所以，空间绝不应该是符号域的本质。

3.2.2 符号域是符号关系

如果符号域的本质不是符号空间，那么应该是什么？

因为符号域空间不具有生物域空间的直观性、具象性、物质性，洛特曼选择使用连续统、符号、类型、层次、符号化等概念来阐释符号域："这种连续统由不同类型和层次的符号构成"（Лотман，1984：6），"为了获得现实性，符号域必须将文本翻译为符号域内空间的一种语言或将非符号事实符号化"（Лотман，1984：7）等。洛特曼认为，符号域这一连续统的构成成分就是符号，而且这些符号分为不同类型和位于不同的层

---

① "类比于维尔纳茨基（Vernadsky，1863—1945）提出的概念生物域（biosphere），我们将这种连续统称为符号域。应该防止将维尔纳茨基使用的术语人域（noosphere）与本文提出的概念符号域混淆。人域——生物域发展的特定阶段，这种阶段与人类的智力活动相关。维尔纳茨基的生物域——宇宙机制，在地球总体中占据着特定的结构空间。生物域包括所有的生物，位于地球表层，将太阳的光能转换为化学和物理能量，旨在加工地球的非生命物质。当这一过程中人类的智慧占据主要地位时，人域就形成了"（Lotman，1984：6）。关于生物域和智慧域，维尔纳茨基补充论述道："科学思维和科学知识的历史同时也是在生物域中形成新地质力量的历史——之前在生物域中所缺乏的科学思维。"参见 Вернадский, В. И. *Размышления натуралиста：Научная мысль как планетарное явление*. кн. 2. Москва：Наука, 1977：22.

② Wilma Clark 将洛特曼原文中的 отграниченность 英译为 boundary，неравномерность 英译为 irregularity（*Sign Systems Studies*，2005，33.1：213）。本文作者更倾向于理解为"界限性"而非"边界"，"非均衡性、异质性"（即 nonhomogeneity or heterogeneity）而非"不规则性"。康澄（2005：36—41）在博士论文《文化生存与发展的空间——关于洛特曼文化符号学中符号圈理论的研究》中将 boundary 和 irregularity 分为译为"界限性"和"不匀质性"。

级。连续统这一概念源于数学，表示实数的连续变动，连续性的对立面是离散性。一般认为，自然界是连续的，如颜色、时间、空间等，而人类的语言则是离散的，在人类所能界定的两个概念间总存在着无名的中间区域，是渐进和渐变的过程，所以语言无法完整地描述世界。黑白之间是灰，但黑白灰并非全部，在黑和灰、白和灰之间依然存在着过渡区域。按照结构主义语言观，语言单位可分为类型和层次，如语音层、词汇层、句子层、篇章层，矛盾的是，一旦可以分出单位和层级，连续统就将不复存在，换句话说，连续统不应该有单位和层次。

洛特曼继续选择使用内/外、边界、符号化（符指过程）、信息等来解释符号域的存在和变化状态。存在着非符号域，因为边界隔断了符号域和非符号域或符号域的内部和外部，但这两个空间存在着交际转换，这就是边界的功能和工作机制，将"符号域外或非符号域的行为符号化以及将之转换为信息"（Лотман，1984：10）。"符号域就是那个符号空间，在这空间之外不可能存在符指过程。"（Лотман，1984：7）也就是说，符号域的存在正是为符指过程提供一个发生空间，所有符指过程的前提条件是处于符号域中，符号域外则不会有符指过程。所以，按照洛特曼的逻辑，我们可以得出这样的结论：符号域与非符号域的区分依据是符号关系，有符号关系存在的符号空间就是符号域。

显然，得出"洛特曼符号域的本质是符号关系"的结论犯了简化主义的错误，因为洛特曼符号域中的符号是"不同类型"和"不同层次"的，这些符号又以某种方式组成了各自的系统，如法律符号系统、建筑符号系统、音乐符号系统、宗教符号系统、文学符号系统等，而文化则是这些符号系统的总和。那么，符号域的本质是符号系统吗？

3.2.3 符号域是符号系统

从符号关系到符号系统的转换体现了深层的结构主义认知观，这是俄国形式主义、布拉格语言学小组和索绪尔结构观影响的影子，如"符号域是多层级的整体符号系统"（郑文东，2007：74），"符号域——对显示世界的认知成果和认知环境"（郑文东，2007：81），而"符号域——民族文化的信息网络"（郑文东，2007：74）等类似表述则体现了洛特曼开放的学术视野，对信息论、交际理论、控制论、拓扑学的吸收和借鉴。

我们可推测得知，符号宇宙中存在着多个符号域，而且符号域间存在着非符号空间和异符号空间，边界的功能就是限制深入、过滤、加工信息。这里我们需要区分信息传递和交际两个概念，传统的信息论关于信息传递的理性模型是：信息—编码—文本—解码—信息，如交通信号灯、旗语、密码、人工语言等。传递显然是单向的，且并未产生新的信息；而交际的基础是交际双方的共性与差异，没有共性则无法交际，没有差异则没有交际的必要，而这种共性在洛特曼看来就是双方共同参与其中的符号空间，由文化经验和百科知识构成。洛特曼（Лотман，2000：251）认为："任何语言都处于某种符号空间之中，语言只有与该空间相互作用才能发挥功能。该文化所固有的符号空间是一种不可分解的工作机制——符号的单位，我们把这一空间定义为符号域。"

洛特曼也许担心我们会把符号域的本质简单化，"他特别强调了符号域不是符号系统的简单加和，而是任何交际行为发生和任何语言出现的一个前提条件"（Semenenko，2012：112）。换句话说，任何一个交际行为都预设了一个先在的符号经验。洛特曼把系统的存在作为交际行为和对话行为的发生前提和场所，这也是许多人把洛特曼符号学也视为交际符号学或对话符号学的一个原因。

除了从符号空间、符号关系、符号系统视角讨论符号域的本质，还有其他的观点。库尔（Kalevi Kull, 2005）曾撰文列举了学者们研究符号域的不同视角，如"交际符号域""多元真理世界""意义生成系统""环境界总和""符号总和"等。再如，"符号域是人创造文本和符号系统的独特能力"（Semenenko，2012：114），因为文本间差异和符号系统差异创造了交际需求，从而符号域又成为普遍的意义生成机制。再如，"符号域可被表征为环境界构成的网，也可被视为个体记忆组成的网"（Semenenko，2012：117）等，还有符号域到底是一个客观存在着的物质实体还是一个抽象的概念？如果可以把每一个个体视为一个环境界，那么符号域就是由无数个个体环境界组成的一个网状整体，这个整体的动态发展取决于环境界的持续对话。

如果按照洛特曼所认为的那样，整个符号空间即符号域可被视为一个统一的机制（Lotman, 2005：208），那么，符号域是单语的还是多语的？如果是多语的，是什么规则和标准决定了哪些语言属于一个符号域？同一个符号域内语言、符号、文本、非符号事实又是怎样一种互动关系？这就引出了我们下一个问题：符号域是一元的、二元的还是多元的？如果是多元关系，又能否化约为二元？还是三元？

3.3　符号域：一元、二元还是多元？

我们普遍倾向于把皮尔士符号学视为三元、索绪尔符号学视为二元，那么，洛特曼的符号域是一元、二元还是多元？

洛特曼把文化视为一个整体，与组成文化的各部分之间是同构关系。如果把符号域理解为集体智慧，那么，个体心智在这个网络中就处于一种持续的互动关系中，就像一张互嵌编织的网。从洛特曼的论述，如把符号域地图类比为博物馆大厅（Лотман，1984：12），把核心和边缘视为符号域内部组织的规律，并认为符号域结构上存在非均衡性、异质性、发展不同步性特征，因为现实情况是自然语言的发展落后于心理意识形态结构的发展。但这并不能否定符号域的整体存在性，洛特曼通过镜子的形象①来假设

---

① "在与整体的关系方面，部分位于结构的其他层上，表现出同构性。部分同时是整体的部分和它的类似物。为了解释这一关系，14世纪捷克作家托马士·史提尼（Томаш Штитный，1333—1401/1409）笔下的一个形象可供参考。正如脸完整地显示在镜子中，在每一片镜子的碎片中也能显示。这样一来，镜子的碎片既是镜子整体的一部分同时也具有与镜子整体一样的显示内容，在符号机制的整体中单独的文本在一定关系上与整个文本世界具有同构性，同时在个体意识、文本和文化整体中存在着清晰的平行现象。存在于不同层级的结构之间的垂直同构现象产生出信息数量的增长。就像反映在镜子中的客体，在镜子碎片中产生数个映像，与之类似，在符号结构整体产生的信息在较低的层级上也有所规定。系统能把单一文本转换为文本流。"（Lotman, 1984：13—14）。

任何一个单独的文本在一定关系上与整个文本世界具有同构性。非均衡性导致文化发展的离散性,"虽然我们被符号域包围着,符号域可以是无序的客体,自由成分的集合,应该假设在它的内部存在着秩序和部分之间在功能上的联系,它们之间的动态一致性构成了符号域的运动。这种假设符合经济原则,否则单独交际的明显事实会变得难以解释"(Лотман,1984:17)。洛特曼的符号域小到一个个体的人、一个单独的文本,而文化符号系统则大到"全球符号共同体"(the global semiotic unity),符号域之间因非均衡性、差异性而出现交际需要。通过符号转换、边界的过滤与加工而生成了新的意义,最终完成了对话。借助符号域做不同文化间的比较研究,在表面文化差异下寻找文化共相、文化同一性,符号域执行文化分析工具语言的作用,为世界文化的沟通和交流提供一个无偏见的平台。符号域的作用不是去定义文化是什么,而是统摄所有文化现象,描述文化发展和变化的内在规律,符号域作为一个整体是一个对话情境,与符号域组成部分的每一个对话是同构关系,每一个文本与其所在的文化之间也是同构关系。从这一视角出发,符号域就是宇宙意识,具有一元观色彩。任何个体意识在最高层级上与宇宙意识同构,这是无数独立的个体能够联结成种族的内在力量。但问题绝非这么简单,洛特曼推崇交际和对话,认为对话的价值体现在扩大交际双方的非交集区域,"最小的意义生成单位不是单语,而是双语"(Lotman,2009:6)。此外,洛特曼在研究中使用了大量的二元对立概念:符号域的时间/符号域的空间、结构/非结构、有序/无序、中心/边缘、主流文化/非主流文化、部分/整体、文化恒量/文化变量、符号域内部/符号域外部、离散型符号/浑成型符号、第一模式化系统/第二模式化系统等,以此为据,洛特曼的符号域有二元论色彩。但我们还不想就此下结论,因为我们不能忽略洛特曼还提出了文化多元性、文本的对话性、符号域内的多中心性等概念,所以,我们不能简单地将一种理论划归为一元、二元、三元还是多元。

但我们需要注意的是,符号域并不等同于文化,符号域甚至可以视为一种研究文化的方法和工具,因为符指过程的前提是符号域。从这一角度看,符号域是文化的前提条件,是人类独有的符号能力,"就缘起讲,自人类降生地球之日,符号就随之诞生。彼时,个人与个人、个体与群体、群体与群体之间的交流与互动,也已出现符号的阐释与转换"(贾洪伟,2016:94)。人类心智的独特能力是能够根据自身的环境界(umwelt)去想象和建构之外的世界,为理解和接受与自身的差异提供智力前提。一个真正的全球化语境逐渐形成,符号域的空间扩张更加剧烈和迅速,随之而来的是一个前所未有的巨大符号域笼罩着地球,符号域的整体性更加凸显。尤其是全球新冠疫情肆虐的当下,边界的力量被迅速淹没,每一个个人、每一个国家或地区都是互相镶嵌在全球符号共同体中的一个成分,主动融入还是被动融入、发声还是沉默都改变不了这一进程,这个时代已经从先验(priori)进入到后验(posteriori)和合作。正如米哈伊·洛特曼(Lotman,2002:38)所言:"符号域不仅是一个新的概念,而且作为环境界要求新的范式、新的逻辑,它的基础不是决定论而是对话。"

4 结语

回顾洛特曼的符号域理论同时也受到俄国形式主义、结构主义、符号学、信息论、拓扑学等影响①。洛特曼关注文本的符号功能、符号层级、符号结构、文化多相性,文化就是出于不平衡、不均质的动态变化中。符号域是洛特曼为文化描写、文化生存、文化发展等文化类型学基本问题以及意义生成机制而创立的元语言,为异质文化交流融通提供符号学方案,即处理两种语言和文化互动过程中出现的变异,以及"过度阐释或不足阐释导致的语义增生或衰减"(寇福明、吕红周,2017:91)。

洛特曼批评了皮尔士—莫里斯和索绪尔—布拉格小组符号学研究传统的共性:都基于一个不可化约的最简单质成分(皮尔士的符号、索绪尔的交际),但他却借用了莱布尼茨的单子概念,提出了符号单子,"每一个人类个体、文本、文化都是这样的单子"(Лотман,2000:641)。洛特曼批评了从自然语言模型扩展为普通符号学模型的简单化做法,认为这种经验主义的方法有潜在危险性,但洛特曼的解决办法是给出了二级模式化系统:自然语言为第一模式化系统;基于自然语言的所有其他符号系统都为第二模式化系统,如哲学、法律、音乐、建筑、宗教、艺术、绘画等。模式化系统是否从根本上跳出了自然语言的中心位置?进而能从人类中心主义走向了全球符号学,从而思考符号伦理和人类的普世价值观问题。这些问题还值得我们去进一步思考。

参考文献

[1] Lotman, J. *Culture and Explosion* [M]. Trans. by Wilma Clark. Berlin·New York: Mouton de Gruyter, 2009.

[2] Lotman, J. On the semiosphere [J]. Trans. by Wilma Clark. *Sign Systems Studies*, 2005 (1): 205 – 229.

[3] Lotman, M. Umwelt and semiosphere [J]. *Sign Systems Studies*, 2002 (1): 33 – 40.

[4] Semenenko, A. *The Texture of Culture: An Introduction to Yuri Lotman's Semiotic Theory* [M]. New York: Palgrave Macmillan, 2012.

---

① 洛特曼之所以能成为一名伟大的学者,是因为他的一生保持着开放的学术视野和不断进取的研究态度。他对生物学理论(符号域的名称与维尔纳茨基的生物域直接相关)、系统论(贝塔郎菲关于系统论的观点被借鉴到符号域中,如符号域是多层级符号系统、语言只有在符号域中才能发挥作用、文化是不同符号系统的总和、文本是文化的基本单位等)、控制论(控制论研究系统稳定运行的机制,其方法是通过调节信息变化而实现,洛特曼将文化视为统一的符号机制,文化是集体记忆的器官,而符号域正是新信息生成、理解、记忆、存储、再生的机制)、信息论(洛特曼在《艺术文本的结构》中说过,信息论在引申意义上即符号学,文化传递非遗传性信息,符号域关注的是动态的复杂的信息传递,前文本和后文本只能相对一致,个人之间的差异,如经验、信仰、价值观、百科知识等,通过代码得以区别)、耗散结构理论(洛特曼借鉴普里戈金耗散理论提出文化的二分结构,即有序结构和无序结构,符号域内部文本和外部文本之间的渗透和侵蚀导致信息的流动,文化因此才能处于动态的相对平衡,文化才会正常运作)、拓扑学(洛特曼引入拓扑学中的位移,用于研究文化恒量和同构,恒量是文化共相,变量是一种拓扑变形,在一定程度上可认为,不同民族文化之间交际、理解、互译的基础是文化恒量和共相,文化差异也只是一种拓扑变形的结果)等自然科学理论的吸收和融合,最终产生了符号域理论丰富的理论内涵。

[5] Vernadsky, V. *The Biosphere* [M]. New York: Copernicus, 1998.

[6] Лотман, Ю. М. *Внутри мыслящих миров Человек-текст-семиосфера-история* [M]. Москва: Языки русской культуры, 1999.

[7] Лотман, Ю. М. Культура как субъект и сама-себе объект [A]. *Семиосфера* [M]. Санкт-Петербург: Искусство, 2000: 538-546.

[8] Лотман, Ю. М. *Письма* [M]. Москва: Языки Русской Культуры, 1997.

[9] Лотман, Ю. М. Семиосфера [J]. *Труды по Знаковым Системам*, 1984 (5): 5-23.

[10] Лотман, Ю. М. *Семиосфера* [M]. Санкт-Петербург: Искусство, 2000.

[11] 白春仁. 我看"符号域"的学术价值 [A]. 郑文东. 文化符号域理论研究 [M]. 武汉: 武汉大学出版社, 2007: 1-4.

[12] 陈勇. 莫斯科—塔尔图符号学派研究综览 [J]. 外语教学, 2017 (2): 44-49.

[13] 贾洪伟. 翻译符号学的概念 [J]. 外语教学, 2016 (1): 94-97.

[14] 康澄. 文化生存与发展的空间——关于洛特曼文化符号学中符号圈理论的研究 [D]. 南京: 南京师范大学, 2005.

[15] 寇福明, 吕红周. 从符号学看翻译 [J]. 外语教学, 2017 (2): 91-94.

[16] 郑文东. 文化符号域理论研究 [M]. 武汉: 武汉大学出版社, 2007.

Lotman's Semiosphere: Critique and Reflections

Lv Hongzhou

(Huzhou University)

Abstract: Juri Lotman was the leading scholar of Tartu-Moscow Semiotic School, his cultural semiotics still has worldwide influence, semiosphere, modelling system, border, text etc. are topics of theoretical interest and also of great relevance to applications in semiotics, translation studies, poetics, literary studies. According to the historical paradigm we studied the research status at home and abroad since Lotman first proposed the concept semiosphere in 1984, reconsidered the concepts, characteristics, the essence of semiosphere and monism, dualism, pluralism etc. It is hoped to bring new enlightenment to translation studies and cultural studies in today's globalized context.

Keywords: Juri Lotman; semiosphere; semiotics criticism; Tartu-Moscow Semiotic School

作者简介

吕红周,湖州师范学院外国语学院副教授,博士。主要研究方向为翻译符号学、语言符号学、文化符号学、符号学批评等。

格雷马斯叙事理论视域下高考"读后续写"情节生成范式研究

兰爽　郑淑敏

摘　要：对于"读后续写"的研究近年来成为语言习得领域的热点之一。多地高考英语写作改革中也尝试应用了记叙文"续写"范式。立足高考叙事文本的"读后续写",利用格雷马斯"符号矩阵"可有效预设叙事文本的情节生成及其走向,在有限时间内,拓展习作者的写作思路。在情节生成范式的构筑过程中,三项矛盾点组合范式骈合主体意志状态可以帮助习作者更好地理解原语篇,同时使文本情节产出在逻辑上与原语篇情节协同,丰富续写语篇的情节生成。

关键词：《在美国》　读后续写　符号矩阵　叙事情节生成

1 引言

高考英语续写形式于 2016 年在浙江首次试点实行。在通过续写的方式进行语言习得的过程中,对原语篇的理解与产出联系得越紧密,语言技能习得效果越显著(王初明,2011)。在续写实践的研究中,对记叙文续写的研究居多,主要由于记叙文续写的语言产出量大,能促进语言流利性的发展(张秀芹、张倩,2017)。相较于议论文、说明文等文体,叙事文体灵活度高,给予习作者更多自主发挥空间,因而近年来的高考英语作文的续写都采用了记叙文续写模式。运用法国结构主义符号学家格雷马斯的"符号矩阵理论"研究续写情节生成架构,正是基于该理论对叙事文本的结构化阐释。自俄罗斯学者普洛普将民间童话定义为一个在时间直线上展开的三十一个"功能"(格雷马斯,1999:247)起,叙事分析开始着力于故事结构的科学化进程(刘宇红,2013)。格雷马斯在其基础上提出了"符号矩阵理论",试图达成普洛普意图构筑"一个合情合理的类别模型,并用它来自动生成新故事"的愿景。

2 符号矩阵逆向构筑

格雷马斯(1999:17)将演绎和归纳两种方法论分别归纳为两种不同的真理观：一个把与现实相符当作真理；另一个把"内在一致性"看作真理。而在逆向构筑符号矩阵的过程中,既需要使所构筑模型符合现实语篇续写情节构式,同时也要将这种范式进行总结归纳,以使其能够服务于各高考叙事文本分析。高考语篇续写范式下,矩阵模型中的对立关系存在于不同行动元之间,而矛盾关系则表现为相同行动元在情节发展过程中所呈现出的矛盾状态。依循符号矩阵的逻辑构式,某些看似偶然的情节实则都存在其发生的必然性（毕青、程爱民，2002），因而所谓"逆向"构筑矩阵程式，即在利用格雷马斯的矩阵模型构建正向文本、解构分析的基础上，逆向还原构筑文本情节，从而有效生成未完形文本的续写情节的过程。

2.1 对立点提取

根据原语篇内容对对立点进行提取过程中，限于高考习作原语篇情节主线清晰，不会涉及太过复杂的人物情节关系，因而针对主导对立点的提取相对明朗。对立关系行动元是叙事情节推动和发展的主要牵引，在叙事文本中以人物为主，但在次层级符号矩阵构筑过程中，由相反矛盾对重新构建而成的对立关系并不局限于人物，也可以是动物、某种特定状况、条件等。由于对立点提取角度不同，预设情节构式会呈现显著个体差异，这也符合文章叙事情节脉络走向多样性呈现的客观现实。

表1 文内、逻辑对立点提取

对立点（S_1）	对立点（S_2）
文内已知对立点1	文内已知对立点2
文内已知对立点	逻辑推导对立点
逻辑推导对立点	文内已知对立点
逻辑推导对立点1	逻辑推导对立点2

对立点的提取数量，目前仅限于一对主导对立点的提取，若对两对对立点同时进行提取，则很可能过度分散未完形情节构式，鉴于高考续写语篇篇幅、习作时间限制，可实践度有待商榷。① 因而由其中一对对立点的提取，逐步扩展推导出相应矛盾点，从而为语篇叙事进行更细节化情节构设的可操作性更强。

2.2 主层级矩阵构筑

以2016年10月的浙江英语高考真题为例，因其涉及属人类性质的行动元只有两个，相较多个行动元语篇，该语篇的主导对立点更为显著，因而对其进行的矩阵模型分析效度更高。阅读部分语篇主要讲述了"Jane与她的丈夫Tom在野外露营期间发生争执后，独自一人离开，不小心在森林中迷了路。在用蓝莓充饥后，她尝试沿着溪流返回，但因天黑林深，难辨方向，接着又错过了救援直升机"。语篇情节止步于此，下文给出了两续写段落的起始句提示："天愈发黑了，直升机再没飞来"以及"Jane在破晓时分醒来"。

图1中Jane 1与Tom 1是相互对立的两个行动元，Jane 1表示想要离开Tom时的

---

① 对于多对对立点提取范式的具体复杂程度及现实可操作性的研究需要进一步实证研究佐证，此处没有进行延展性讨论，但其复杂度高于一对对立点提取范式是不言自明的。

Jane，相对地 Tom 1 表示发生争执时没有挽留 Jane 的 Tom。而行动元 Tom 2 及行动元 Jane 2 在原语篇中均未明确给出，但是依据矩阵中相反析取关系可从逻辑上推出 Tom 2 表示冷静后开始担心 Jane 的 Tom，这与文中出现的直升机搜索前后照应，而 Jane 2 所表示的相反关系行动元，即想要回到 Tom 身边的 Jane。

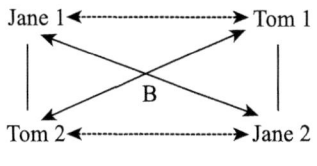

图 1　主层级矩阵图

至此，第一步情节预设结构完成，但此时的语篇情节并不完整，还需要中间环节进行搭桥（这里不妨称其为 B—bridge），Jane 1 在向 Jane 2 过渡期间会有相应的心理变化 B，如遗憾、后悔、自责等，而 Tom 1 至 Tom 2 的过渡 B 可以补全为 Jane 醒来后了解到的 Tom 想方设法寻找自己的过程。研究中发现对于 B 的内容填充仍旧未能依据矩阵推导得出，因而需要进行第二步的符号矩阵次层级结构构建。

2.3　次层级矩阵构筑

2.3.1　次层级矩阵析取构筑范式

上文构筑的 Tom 2 开始担心 Jane，而其对立点 Jane 2 也想要回到 Tom 身边。无论是"开始担心"，或是"想要回到"都是一种未然的非完形构式，并未预设出最终结局，且其中推断桥 B 的主观意志性偏强，有强行构建嫌疑，因而须采取次层级矩阵构建。格雷马斯（2005：153）在为整合模型赋意义值时，对同一层级不同矩阵内行动元之间进行了兼容、平衡和冲突分析，也就是说同一主层级的各行动元之间为并列关系。基于此，为了形成情节结构的逆向完形构筑，可析取主层级矩阵中的相反矛盾点，用以筑建次层级矩阵模型。

图 2 的次层级矩阵中，行动元 Jane 2 表示 Jane 想要回到 Tom 身边，而与之相对立的行动元根据语篇内容可以体现为直升机 1 并未发现需要救援的 Jane。相应逻辑推导出的 Jane 3 意指 Jane 暂时接受离开 Tom 的事实，采取自救手段（如寻找庇护所、生火等）度过在深林中的一晚，如此即与 Jane 2——想要回到 Tom 身边的 Jane——形成反面矛盾关系。行动元直升机 2 翌日再次对 Jane 实施搜救，使 Jane 最终获救。这与以 Tom 2 为行动元的语篇结局殊途同归。

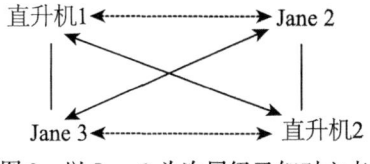

图 2　以 Jane 2 为次层级已知对立点

矩阵图 3 中 Tom 2 开始担心 Jane 与天色渐暗、寻找难度增大形成了新的对立体，这也与语篇中 Jane 错过第一次直升机救援相呼应。黑天的反面否定逻辑推断矛盾点为亮光，这里 Jane 为了自救，可以点燃篝火求救或取暖，鉴于两人最初是计划露营，Jane 的背包中留有点火器材是合乎情理的，因而这里的反向矛盾点可设定为火发出亮光，Jane 借此取暖。相应行动元 Tom 3 反面否定 Tom 2，表示为 Tom 终于不用再担心 Jane，意即 Tom 最终找到了 Jane。故事情节中 Jane 生火取暖后，安然入睡，直至次日破晓，也与原文本中的叙事情节相契合。

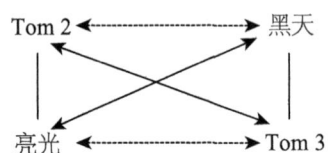

图 3　以 Tom 2 为次层级已知对立点

2.3.2　次层级矩阵合取构筑范式

次层级矩阵构筑过程中，除上述反相矛盾对析取构建范式外，将两者合取后再度构建次层级矩阵模型依旧可行。此处需要澄清的是反向矛盾点之间虽然表现为"是非"关系，但并非单向二元对立。否定实施不是体现在行动元层面，而是在功能层面上运行（格雷马斯，1999:360）。因而也可以说该反向对立关系不仅为一一对应，也会有"一对多"或"多对一"的情形产生。

图 4 中，相反矛盾对 Jane 3 和 Tom 3 与前文探讨内容含义一致，代入后可推导出总体故事情节为：Tom 与 Jane 发生争端后，两人分别产生悔意，在 Tom 的积极营救下，Jane 最终获救。从中可以看出，相较于析取手段构筑的次层级矩阵叙事情节，合取范式获得的矩阵叙事情节显得较为宽泛。虽然整体叙事构架已然完整，但情节增设不够具体，构设语篇细节略显单薄，难以切实达成辅助习作者构建详细写作情节脉络的目的。相比之下，析取范式所构筑的次层级符号矩阵实操性更强。

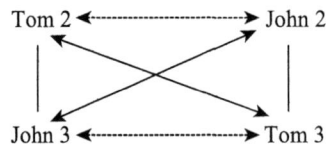

图 4　Tom 2、Jane 2 同为次层级矩阵已知对立点

3 基于叙事矩阵构筑的数据分析

3.1　量化分析对立点提取

自 2016 年 10 月浙江首次采用读后续写高考英语习作任务以来，至 2021 年共有 9

个省份（浙江、山东、湖北、江苏、河北、广东、湖南、福建、海南）的高考英语作文也相继采用了读后续写题型。其中2017—2019年，浙江实施了新高考英语自主命题，且浙江高考自2017年以来采取一年两考制，并行概要写作和读后续写题型二选一模式；2020年起，其余8个省份相继采用包含高考英语读后续写任务的新高考全国卷。截至2021年，累计10篇读后续写真题问世。基于10篇高考真题进行统计分析，现将真题语篇中主层级矩阵构筑次数及对立点提取范式总结如下。

表2 主层级矩阵不同方式对立点提取语篇数统计

对立点提取方式 \ 主层级矩阵构筑次数 语篇数	单次	多次
双文内对立点	8	0.5
文内对立点+逻辑推导对立点	1	0
双逻辑推导对立点	0	0.5
语篇数总计	9	1

当单一语篇中两次实施了主层级矩阵构筑时，每次构筑相当于完成一半续写语篇的情节构设，因而用0.5表示。从表2中可以看出，单次主层级矩阵构筑且双对立点均可在文内提取的情况在10篇续写任务中占据8篇。也就是说，文末续写的两段句提示语多与前文对立矛盾关系处于同一逻辑符号系统中，这也体现出续写语篇在情节构筑上具有相对稳定性，但由于需要多次主层级构筑的情形又出现1次，且整体续写语篇真题数目还有所局限，因而这10%的概率也不容忽视。

3.2 提取对立点的质性分析

对10篇真题中的对立点提取内容进行梳理，总结得到现有对立点的性质包括人物、动物以及某种特殊情状。对立点的质性划分具有一定的主观性，且需要结合篇章整体语境。如2021年6月的浙江卷中，"我"想自由支配自己的工资，而"父亲"却希望"我"把工资贴补家用，此时"我"与"父亲"站到了对工资支配方式不同的对立点上，因而提取出的两个对立点均为人物性质。

相反，2020年1月浙江卷中的"小男孩离家去上学"同"离家去上学的小男孩"比较而言，令宠物狗"Poppy"伤心的是小主人的离去，而非小主人本身，所以"特殊情状"体现的"小男孩离家去上学"是真正意义上"Poppy"的对立点。明确辨析对立点的性质内涵有助于习作者对原阅读语篇深入理解，这种不断自我引发式提问的过程，正是以协同原有语篇促进最终产出为导向的对原语篇的深层理解过程。因而在对立点提取过程中，"人物"或"动物"性质对立点可以"修饰语+主体"的形式展现，用以区分含有"人物"或"动物"的"特殊情状"。

3.3 提取对立点的分类统计

人物是叙事发展的要素之一（许家金、刘霞，2014），让行动元拥有故事人物的形式，可以对叙事程式进一步划分，行动元的分布能够解释可能出现的叙事的数量（格雷马斯，2005：219—260）。这里的人物属性包括人物和动物两种，这也解释了 10 篇高考续写语篇中所提取的对立点中，人物和动物性质总和占比 72.73% 的内在诱因。语篇内主层级对立点的性质组合中，至少有一个人物或动物出现，这也是叙事文本的冲突得以形成的特征之一。

表 3　不同对立点性质组合的语篇数统计

语篇内主层对立点性质组合	语篇数量统计
人物 + 人物	3
人物 + 特殊情状	4
人物 + 动物	2
动物 + 特殊情状	1
语篇总计	10

双人物性质与"人物 + 动物"性质对立点组合占语篇总数的 50%，说明人物间对立冲突模式的出现频率与人物对抗环境因素模式的比重基本一致，但人物间对立矛盾的产生实际上也是通过对发生事件的处理和解决才成型的，这也是叙事产生的基础。在随后将要阐释的主体意志性方面，两者之间是存在差异的。因为人物或动物对立点会产生主体意志，但特殊情状无法产生或鲜有依据主体意志产生差异的可能，因而其主体意志生成情节的可能组合数会少于人物或动物间的意志情节组合。

4 情节生成的偏离

由析取与合取范式推衍出的预设略显普泛化，且指向过于局限，而英语作文乃至任一叙事习作的情节与结局的出人意料往往更能引人入胜，因而需要对主层级矩阵构筑过程中各种可能出现的结果进行深层分类探讨。

4.1 中性项的形成

已有研究发现，在对立关系确立的前提下，矛盾关系的形成并非二元对立。矛盾关系的形成也可能有"中性项"存在。类似于格雷马斯（1999：29）探讨的"综合义素"——S 和非 S 的综合体。为便于将其扩大成为语篇情节内涵，因而称其为"综合因素"。

表 4　有关 Jane 的三项矛盾点示例

Jane	S	得救	活着	a
	综合因素	中性项	没得救，在森林中活下来	b
	$\bar{S}$	没得救	死亡	c

逆向矩阵构筑只探讨了"Tom 在 Jane 走丢后积极实施救援，而后 Jane 最终获救"这一惯常情节，稍微跳脱常规可以发现，Jane 未获救的情形同样存在。如果把 S 与 $\bar{S}$①分别设定为 Jane 得救与 Jane 没得救，得救意味着 Jane 活着；反之，没得救又可分解为 Jane 在林中活下来与 Jane 死亡，在活着与死亡之间存在着中性项：Jane 在森林中活下来，同时作为 S 与 $\bar{S}$ 的综合因素存在。

表 5　有关 Tom 的三项矛盾点示例

Tom	S	救援	对 Jane 实施救援	d
	综合因素	中性项	没有对 Jane 实施救援	e
	$\bar{S}$	不救援	对 Jane 实施杀害	f

同理，在对 Tom 的分析中，上文以其对 Jane 实施救援为预设情节，但因过度生气，或积怨已久，Tom 选择不对 Jane 实施救援的情节也合乎情理，同时存在更为极端的情节构式"杀害 Jane"。对 Jane 实施救援是 Tom 对 Jane 爱的表达；但没有对 Jane 实施营救也并不能表示 Tom 不爱 Jane；若 Tom 对 Jane 怀恨已久，也可能产生 Tom 杀害 Jane 的情节。因而综合因素"Tom 虽然爱 Jane，但出于某种原因并未对 Jane 实施救援"作为中性项使情节构式迸发出悬疑色彩。

从以上分析中可以看出，有了中性项的加入，续写情节变得更加丰富、离奇。这种对于叙事情节的多维度情节生成预设，使结局既出自情理之中，也跳脱于固有情节之外。

4.2　矛盾因素组合情节生成

在对 Jane 和 Tom 分别进行矛盾关系的常规与偏离情形预设的基础上，从属因素与负从属因素间的不同组合促就了结局各异的续写情节生成。除 Tom 救援与 Jane 得救的常规预设外，还存在 Tom 救援但 Jane 没得救；Tom 没有救援但 Jane 自救成功；Tom 没有救援因而 Jane 没有获救的情形。加入综合因素（b、e）进行分析之后，情节预设构式更加多样。

---

① 此处的 S 与 $\bar{S}$ 并非前文提到的单一语篇中的矛盾关系行动元，而是通过对立关系行动元推导出的最终可能情节结局走向的矛盾因素对。

表6 矛盾因素组合排列

$S+\bar{S}$	预设主体行为走向	编号
a + d	Tom 对 Jane 实施救援，Jane 得救活下来	①
a + e	Tom 没有对 Jane 实施救援，Jane 自救脱险返回	②
a + f	Tom 对 Jane 实施杀害，Jane 自救脱险返回	③
b + d	Tom 对 Jane 实施救援，但 Jane 不接受，决定在林中生活	④
b + e	Tom 没有对 Jane 实施救援，Jane 选择在林中生活下去	⑤
b + f	Tom 对 Jane 实施杀害，但 Jane 在林中存活下来	⑥
c + d	Tom 对 Jane 实施救援，但救援失败，Jane 死亡	⑦
c + e	Tom 没对 Jane 实施救援，Jane 自救失败死亡	⑧
c + f	Tom 对 Jane 进行杀害，Jane 最终死亡①	⑨

基于矛盾组合生成的情节可作为最终结局，并以此为契机选取相应情节进行二次主层级与次层级情节矩阵构架，在丰满情节内容的同时，增强叙事情节的可读性。举其中一例简述这种偏离情节的构建：⑦中 Tom 对 Jane 实施了救援，但因林深天黑，没有成功解救，森林中野兽出没对 Jane 实施攻击，Jane 惨遭罹难。这样的情节相较最初的大圆满结局，多了些凄凉的现实色彩。

5 意愿行为骈合情节偏离

"意愿行为"作为一种源起于心理学考量范畴的行为模式，事实上也是一种为分析服务的意愿符号系统（格雷马斯，2005：10）。此处的意愿行为与实际行为构成二分符号行为模式。著名意识科学家本杰明·里贝特（Libet Benjamin）曾将行为意愿（voluntary action）解释为"人们有意识地产生意图和决定之前，大脑所产生的无意识活动"（Cravo, Claessens & Baldo, 2009）。如果将最终的意图和决定作为实际行动的指引，那么文中所阐述的意愿行为确实产生于实际决议之前，但却并非一种无意识的存在，在主体对某一状态产生出相应的行为反应之前，主体的意愿可能受到某种社会惯例的制约、或为某种具体情境所限、抑或完全受自我意识所支配而呈现多极化发展。

每一个具体事件的导演都要有与之相对应的状态主体的产生，"对主体最初的语义赋值不是别的，就是存在于客体之中的它所欲求的价值"（格雷马斯，2005：4）。状态主体总是与价值对象（object of value）相互依存，并且两者之间所产生的附联关系就是文本叙事的具化情状体现（王天骄，2021：47）。当主体拥有价值对象时，则二者处于"合取"状态（conjunction），反之，若主体和价值对象相分离，则二者就处于"析取"

---

① 此处 Jane 的死亡原因可能由于 Tom 杀害，也可能由于其他非人为因素，个中缘由均可由习作者个人进行具体把控，这也使习作语篇呈现更为丰富。

状态（disjunction）。（王天骄，2021：47）利用公式表述状态主体（S）与价值客体（O）之间的两种陈述状态如下：

$$合取陈述 = S \cap O$$
$$析取陈述 = S \cup O$$

这种价值客体的归属是单向的、具有排他性的，也就是说，如果一个主体拥有了这个价值对象，那么就代表另一个主体失去了对该价值对象的所有权。因而，这种双主体对单一客体的追求可以表示为如下的分合组陈述：

$$分合组陈述 = (S_1 \cup O \cap S_2)$$

如果将这种状态主体对于价值客体的拥有转化为意志上的渴求，单一价值客体为两相所求的情况就更为常见，虽然意愿上的所求和实际上的拥有存在本质上的差别，但在叙事情节中确实会遇到类似于意欲求得却放手、不欲得而拥有的情况，因而借助这种拥有性质的函数也同样可以表述意志上的渴求与舍弃。将上文中的具体叙事内容代入这一主客体意志函数中，可以得到下面的四种意志转换状态：

$$State_1 = [(S_1 \cup O \cup S_2) \rightarrow (S_1 \cup O \cap S_2)]$$
$$State_2 = [(S_1 \cup O \cup S_2) \rightarrow (S_1 \cup O \cup S_2)]$$
$$State_3 = [(S_1 \cup O \cup S_2) \rightarrow (S_1 \cap O \cap S_2)]$$
$$State_4 = [(S_1 \cup O \cup S_2) \rightarrow (S_1 \cap O \cup S_2)]$$

等式中 S_1 表示语篇中的行动主体 Tom，S_2 相应代表主体 Jane，"→"表示主体意志状态进行了转换，O 表示两个主体共同追求的意志价值客体"Tom 与 Jane 在一起"的状态。通过既已给出的语篇可知，Jane 在生气离开 Tom 时，Jane 对于两人继续在一起的状态是持摒弃意愿的，因而 S_2 与 O 最初处于析取状态。同理，从 Tom 负气让 Jane 离开来看，S_1 与 O 同样析取。如果在一篇已有的完整语篇中来谈论这个问题，此时的意志客体似乎不再有存在价值，而后文的走向已定，这一虚存的意志客体在符号学上是一种自身独立的存在，系第一性存在，皮尔斯称之为"感觉质"（王铭玉，2015：109）。也就是说此时的符号还没有一个确实存在的意义，但已具有实际意义的潜势。也就是说此时的 O 具有一种价值客体潜势，在文本叙事过程中，意志性的转变并不能从语言行为上完全体现出来，也就是说，一个人的意志可能随时间、空间以及具体事件的不断变化而呈现一种游离态。因而在 Jane 与 Tom 分开后，可能存在 Tom 想离开 Jane 但 Jane 后悔想复合；两人都想离开彼此；两人都还想在一起；Jane 想离开 Tom 但 Tom 依旧想与 Jane 在一起这四种转化后的意志状态。

现仅以 $State_3$——Tom 与 Jane 都还想要在一起为例，演示主体意志状态与预设行为走向的骈合机制，同时生成不同的具体情节走向。

表 7　主体意志与行为的骈合排列

$State + S + \bar{S}$	主体意志状态 + 预设行为走向	No.
$State_3 + a + d$	Tom 想与 Jane 在一起而对 Jane 实施了救援，Jane 得救后也想与 Tom 复合	C_1
$State_3 + a + e$	Tom 想与 Jane 在一起却没有实施救援，Jane 自救脱险返回后还想与 Tom 在一起	C_2
$State_3 + a + f$	Tom 想与 Jane 在一起但却对 Jane 实施了杀害，Jane 自救脱险返回后还想回到 Tom 身边	C_3
$State_3 + b + d$	Tom 想与 Jane 在一起而对 Jane 实施了救援，Jane 不接受，却想与 Tom 在林中共同生活	C_4
$State_3 + b + e$	Tom 想与 Jane 在一起却没有实施救援，而 Jane 却想与 Tom 共同在林中生活下去	C_5
$State_3 + b + f$	Tom 想与 Jane 在一起却对 Jane 实施了杀害，Jane 在林中存活下来仍想与 Tom 在一起	C_6
$State_3 + c + d$	Tom 与 Jane 都想重归于好，Tom 对 Jane 实施积极救援，但最终救援失败，Jane 不幸死亡	C_7
$State_3 + c + e$	Tom 想与 Jane 在一起却没有实施救援，Jane 也想与 Tom 在一起，但自救失败死亡	C_8
$State_3 + c + f$	Tom 想与 Jane 在一起却对 Jane 实施了杀害，Jane 想与 Tom 在一起，最终死亡	C_9

$State_3$ 中最为匪夷所思的是 C_3、C_6 和 C_9 中"Tom 想与 Jane 在一起却对 Jane 实施了杀害"这一情节，但这正是叙事性文本续写模式优于议论文文本续写的原因之一，情节跳脱未必符合常理。在悬疑剧中经常会出现这样的情节——某种变态畸形的爱，想与所爱之人永远厮守在一起的极端手段可能表现为杀死对方，确保对方永远不会离开自己。从文本分析中可以看出，各种不合情理的情节预设都可以通过增添某种情节背景而得到相应阐释，这也是叙事文本续写的魅力所在，不会封闭叙事者的思想，能够给予思维愈加广阔的畅游空间。

6 情节生成范式的综合应用

6.1 生成情节的真伪验证

在生成情节的构成上，对于普通叙事文本或小说文体都可以直接适用，可能性揭示都在大众逻辑可接受的范畴内，但高考续写语篇有其特定的局限性。在《普通高中英语课程标准（2020 修订版）》中提到："高中英语课程关注学生的情感，使学生……树立正确的人生观、世界观和价值观，增强社会责任感，全面提高人文素养。"因而在续写语篇情节预设筛选过程中，亟须对情感态度倾向进行进一步验证以保证续写文本符合积极态度情感表达。如果将主体的行动和意愿置于对立的两端，就可以清晰地看到两者之间的辩证关系。

如图 5 所示，人的意愿和行为相一致时是主体的真实展现，体现出积极正面的情感态度。而既未形成意愿，又不愿意为之做出行动，是一种虚假的体现。不情愿去做某事，抑或是阳奉阴违地不去做都可谓消极的态度呈现，因而在对语篇情节的甄选过程中，只有行动与意愿相一致的知行合一的情形才符合高考续写的行文标准。

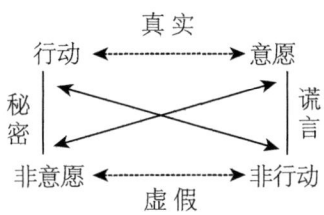

图 5　行为、意愿真伪关系

在前文具体情节预设过程中，可以将这一标准应用于对具体续写内容的甄别。但在讨论具体情节时，不只有单一行为主体的个人行为意愿，还会需要对对立行为个体进行行为二分预设。这是由于每个行为主体的行为构设都是其相应情感态度的体现，因而在探讨 Tom 的施救与 Jane 的获救情形时，仍需构建验证矩阵。

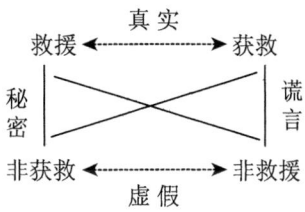

图 6　救援、获救真伪关系

在 Tom 想要营救 Jane 并积极实施行动后，生成结局想要回到 Tom 身边的 Jane 最终获救是积极情感的体现。但这种结局走向过于平俗，即便不进行整套矩阵预设似乎也可得出。而虽然 Jane 最终获救，但 Tom 在明知 Jane 可能遇到危险而不进行救援；抑或 Jane 因救援不及时而遇险所构述的基本道德责任感缺失的 Tom，显然不够积极正面。

进一步探讨 Tom 积极救援，但 Jane 并未获救的情形。表面上这一情节走向有消极之感，但反观现实中，在极度担心某人时，这种唯恐所爱之人受到伤害的心情全在情理之中。这里可以采用变指结构来进行情节预设嫁接。变指结构中的变指成分，在符号学上指的是叙事过程中改变叙述空间和时间的成分（张智庭，2015：15）。也就是说，利用时空转换可以将真实与秘密两种情节有效嫁接。在第一天 Jane 错过直升机，Tom 营救无果的情形下，Tom 依稀梦到 Jane 遇险，恍然惊醒，继续竭力营救至 Jane 成功脱险。这种情节预设就可以将叙事主体所处的内心情境更加丰富地展现出来，同时契合积极情感态度标准。

6.2 应用验证情节丰满叙事预设

在根据高考现行标准对意志状态进行甄选后发现，$State_3$ 的意志状态最为契合，即 Jane 与 Tom 都想重归于好。主体意志状态骈合行为预设的诸多情境中，C_1、C_4、C_7 符合真伪关系验证结果，且 C_1 与 C_7 的情节组合与时空转换后生成的情节正相吻合。C_4 中 Tom 对 Jane 实施救援成功后，两人结伴决定在林中生活下去的情节也并不违背课标宗旨，自然之美撼人心魄也体现出"人与自然"和谐共生的理念。

换言之，C_1、C_4、C_7 三者共同构筑的完整情节符合逻辑。Tom 与 Jane 在整个救援过程中深刻地领略了自然之美，噩梦之后复又团聚的二人或许对人生也多了几分释然，终于相约依偎在山巅的日落余晖中亦不失为一幅缱绻佳境图。

7 结语

综合目前高考续写真题发现，语篇内至少会出现一组对立行动元，且无论行动元是人物、动物属性还是特殊情状属性，由于其同样具有构筑情节的功能特性，因而均不影响对立矛盾关系的建构。矩阵构筑的文本情节确实延展了原文本的情节内容，且推导出的预设情节与原语篇的逻辑主线连贯一致。

在对普泛性结局生成构式的基础上，再次对矛盾关系进行深层分类讨论，通过中性项的介入，矛盾关系呈现三项性铺陈态势。一组对立点的三项矛盾关系的不同组合使情节发展走向更为多样。在研究情节结局走向多样性其间，根据组合出的不同结局走向，习作者还有很大余地对其中情节进行个体化设置，并可根据情节的偏离度进行错时空文本加工，从而增强续写语篇的趣味性与可读性。在实际操作情节构设过程中，为减少预设工作量，缩短构思时间，可将真伪验证环节相应提前。语篇续写任务虽然旨在达成习作者根据语境进行仿效习作的"学伴用随"原则①，但叙事语篇的读后续写本质上也是文本创作的体现，所以其情节构式不应拘泥于普泛性结局生成，而应是多维度，多创设性的语篇创作。诚然，这种情节走向生成范式并非穷尽式衍生机制，而是旨在有限时间内拓展习作者的写作思路，为习作情节走向提供更多参考，避免千篇一律的定式习作。

参考文献

[1] Cravo, A. M., Claessens, P. & M. Baldo. Voluntary action and causality in temporal binding [J]. *Experimental Brain Research*, 2009 (1): 95 - 99.

[2] 毕青, 程爱民.《卢布林的魔术师》中的符号矩形方阵 [J]. 外国文学研究, 2002 (2): 62 - 66, 170.

---

① "学伴用随"原则是王初明于 2016 年《"学伴用随"教学模式的核心理念》一文中提出的语言学习过程中"学相伴，用相随"的语境关联原则的简称。

[3] 格雷马斯, A. J. 结构语义学: 方法研究 [M]. 吴泓缈, 译. 北京: 三联书店, 1999.

[4] 格雷马斯, A. J. 论意义: 符号学论文集 [C]. 吴泓缈, 冯学俊, 译. 天津: 百花文艺出版社, 2005.

[5] 刘宇红. 叙事文本中"功能"项的结构特征——以刘第红的长篇小说《漂泊》为例 [J]. 俄罗斯文艺, 2013 (1): 110-115.

[6] 王初明. 外语教学三大情结与语言习得有效路径 [J]. 外语教学与研究, 2011 (4): 540-549, 640.

[7] 王铭玉. 语言符号学 [M]. 北京: 北京大学出版社, 2015.

[8] 王天骄. 论《西游记》的叙述程式 [M]. 语言与符号, 2021 (7): 46-57.

[9] 许家金, 刘霞. 中国英语学习者英语口头叙事中的人物指称研究 [J]. 外语与外语教学, 2014, 275 (2): 54-59.

[10] 张秀芹, 张倩. 不同体裁读后续写对协同的影响差异研究 [J]. 外语界, 2017, 180 (3): 90-96.

[11] 张智庭. 莫言闪小说《狼》的符号学解读 [J]. 文艺研究, 2015 (8): 14-21.

A Plot Generating Mechanism for "Reading-Writing Integrated Continuation" in China's College Entrance Examination from the Perspective of Greimassian Narrative Theory

Lan Shuang   Zheng Shumin

(Tianjin Foreign Studies University)

Abstract: The study of "Reading-Writing integrated continuation" has become one of hot issues in language acquisition recently. In the reform of College Entrance Examination, several provinces have adopted the narrative continuation task in the English writing section. In line with the continuation after reading a half-done narrative text in College Entrance Examination, an adequate use of Greimassian Semiotic Square can effectively preset the generation and trend of the subsequent plots in the narrative text, and expand the conception in a limited time. In the process of constructing the plot generating paradigm, the combination of three contradictories and distinct subjects' voluntary states can help learners better comprehend the reading text, and make the continuation logically aligned with former plots in the reading text so as to enrich the plot generation of the continuation.

Keywords: *In America*; Reading-Writing integrated continuation; semiotic square; narrative plot generation

作者简介

兰爽，女，天津外国语大学，硕士研究生。主要研究方向为语言符号学。

郑淑敏，女，天津外国语大学，硕士研究生。主要研究方向为商务统计学。

基金项目

天津市研究生科研创新项目资助：《高考英语"读后续写"的情节构架模式探讨》（项目号：2021YJSS030）。

精神文化符号学的信念探究

单 红

摘 要：面对当前日益加剧的全球危机，符号学人文性意义的重要性开始凸显。精神文化符号学就是这一语境下的产物，是中国学者根植中华优秀传统文化以及人类命运共同体视域的深入思考，提倡天人合一的认知模式和行为方式，追求人的思维解放、人与自然、个人与社会的和谐发展。本文借助皮尔斯的普遍范畴理论及确定信念的方法来证实精神文化符号学的合法性，探寻精神文化符号学"天人合一"信念的中华文化深层结构和理论根源，旨在澄清概念，推动精神文化符号学向独立学科发展。

关键词：精神文化符号学 信念 天人合一 皮尔斯

1 引言

人类活动深刻地改变了地球，复杂的全球性危机日益加剧，如恐怖主义、分离主义、极端主义、气候变暖、生物多样性缺失、新冠肆虐等。越来越多的人认识到"符号是人作为人存在于世的基本方式"（赵毅衡，2011：196），因此，符号学的人文性意义开始显现其重要性。"当今时代面临一个大变局，文化变型加速，社会的符号活动空前活跃，人类生活的各个方面都出现了符号满溢，几乎任何活动都浸泡在符号之中。这是几千年世界历史从未出现过的现象：建立一个能对付当今文化巨大变化的符号学理论，社会要求已经很迫切。"（赵毅衡，2011：201）2017年在立陶宛考纳斯科技大学举办了第十三届世界符号学大会，其主题是"CROSS-INTER-MULTI-TRANS-"①，这彰显了符号学对当前世界和国际社会发展的现实关切，提倡多元、交流、对话和融合。

精神文化符号学②就是这一语境下的产物，是中国学者根植中华优秀传统文化的深

---

① CROSS-表有起点和终点，从一个到另一个，如跨文化交际（cross-cultural communication）；INTER-表"间"，一般指两个地位大致相等对象所形成的关系或状态，如主体间性（intersubjectivity）、符号间性（intersignity）、文本间性（intertextuality）、文化间性（interculture）等；MULTI-即多元，几个要素或主体之间是一种平等关系，共同参与形成一个系统，如多媒体（multimedia）、多模态（multimodality）、多学科（multidiscipline）等；TRANS-强调跨越、泛、横贯、反式等，如环球电台（Trans World Radio）、横贯西伯利亚铁路（Trans-Siberian Railway）、反式脂肪（trans fat）。

② 2019年11月在由安徽师范大学承办的第七届全国语言与符号学高层论坛上，张杰教授做了题为"关于精神符号学的几点构想"的主旨发言，提出我国的符号学研究在引进、阐释和批判阶段后，一项重要工作是深入挖掘和发展立足中国文化的本土符号学思想，在与世界符号学积极对话和碰撞的基础上，早日形成具有世界影响力的中国符号学。

入思考，提倡天人合一的认知模式和行为方式，追求人的思维解放、人与自然、个人与社会的和谐发展。我们以"精神符号学"和"精神文化符号学"为篇名关键词检索，在中国知网得到7篇论文：第一，就出现时间看，精神符号学或精神文化符号学是近些年新出现的一个概念，公开出版文献较少，其研究处于起步阶段；第二，就研究内容看，我国学者从理论和实践两个方面展开了精神符号学的研究，理论探索方面，如精神符号学导论（李思屈，2015）；精神符号学的概念、方法与应用（李思屈，2021）；A Cultural Semiotics of *Jingshen*: A Manifesto（Jie Zhang & Hongbing Yu, 2020）；反思与建构：关于精神文化符号学的几点设想（张杰、余红兵，2021）；三心合一：精神文化符号学认知模式与中国传统文化中的"心知"（陈中、姚婷婷，2021）等；应用研究方面，如文化产品互动营销的精神符号学本质（赵小波，2019）；AI时代精神符号学与文化产业的内在逻辑（臧金英，2020）；动画符号学建构的阿基米德点探析：基于精神符号学的研究（李涛，2021）等。李思屈（2015：2）提出，精神符号学研究人类精神发展和意义生成，偏重价值性意义研究，因为表征精神世界是人类符号行为的特有属性。张杰和余红兵（Jie Zhang & Hongbing Yu, 2020：515）认为，要发展符号学分析范式的中国化方案，从东方经典哲学智慧和美学中寻求认知模式、综合思维方式和分析方式，提出以"天人合一"认知模式为基础的精神文化符号学（cultural semiotics of *Jingshen*），融意识（mind）、生命力（vitality）与创造力（creativity）于一体，综合体验认知（embodied cognition）和思辨认知（cognition via knowledge/abstraction）为方法论基础，关注人类的心智能力改进、认知空间拓展以及思维解放，追求人与自然、个体与社会的和谐，推进国际符号学的建设性对话。

可见，精神文化符号学是新近提出的理论设想，处于不断完善和发展的过程中，目前也没有形成统一的认识，在研究对象、研究方法等方面也存在各自的倾向。本文回顾皮尔斯的普遍范畴理论及其确定信念的方法，论证精神文化符号学的合法性，并探寻精神文化符号学"天人合一"信念的深层文化结构和理论根源，助力精神文化符号学向独立学科发展。

2 范畴是人类知识的基础

关于人的出现、生存和发展以及人与世界的关系是一个常常被论及的话题。赫尔德（1998：25）在《人类的起源》中有这样的论述："人作为一种特殊的生物被置于宇宙之中，他具有一定程度的感性和有机组织；整个宇宙从各个方面、通过所有感官加于他的身心之上，然而却以人类的方式、通过人类的感官引发他的感知。所以，人这一能思维的生物不像其他动物那样完全被宇宙所制服。人拥有更自由地施展力量的空间，这种自由的关系就叫作理性力量……"古希腊和中世纪时期都明确区分出人类知识体系中的语法、修辞、逻辑，这从一个侧面反映了规则、逻辑和理性在人类发展过程中的重要作用。在实证法和科学实验尚未发达的时期，内省和先验就是人类经验的重要组成部分，亚里士多德、康德、皮尔斯都从范畴出发建构人类知识的大厦，但他们之间的路径却并不相同。

亚里士多德在《范畴篇》中从语言出发提出 10 个范畴：本体、数量、性质、关系、地点、时间、状态、具有、主动、被动，这是对语词反映客观存在的最普遍分类，承载着思维运行的基本内容，是对人类经验常识的归纳总结，是人类最早的范畴系统，具有明显的科学化和模式化特征。这一范畴体系基于语言中心主义进而代表人类中心主义立场，但在宇宙观视域下便清晰可见其局限性和有限性，它无法涵盖和解释人类以外的世界。

康德认为，范畴是知识中最基本的一般概念，是所有知识对象的分析基础。他通过范畴建构了体系论方法（the architectonic method）。康德哲学体系以亚里士多德以来的逻辑为基础，认为判断是一切知识的起点，围绕"判断"的四个参数（转引自齐良骥，2011：113），量（全称、特称、单称）、质（肯定、否定、无限）、关系（直言、假言、选言）、方式（或然、必然、实然），提出 12 个范畴，而每一个判断只涉及 4 个范畴。例如，"法国国王不是秃子"就是一个特称、否定、直言、实然的判断。先验综合判断是获取知识的方法，是一种心理主义，主体是缺失的。

皮尔斯反对心理主义，推崇科学、实验室、实证研究法，认为数学研究假设事态，从可能性、假设、想象中推导出必然性结论，最大限度降低随意性，而不考虑它们是否与实际事物有关。"如果可以证明范畴在数学里是普遍适用的，那么，也就证明他们适用于我们所可能说的任何事物，包括哲学里和特殊科学里的所有事物"（瓦尔，2003：14）。皮尔斯把数学视为一切科学的基础，是前哲学阶段的自足学科，甚至是比现象学①要更为基础的科学。推理（reasoning）是人需要经过长期有意识的训练才能不断完善和提高的一项复杂能力，从已知到未知的推理"需要操控真实的事物来代替语言和幻想"（Peirce, 1877：2），好的推理是从为真的前提得出为真的结论，反映了皮尔斯符号学基于逻辑的实证主义倾向，而且他的逻辑学是建立在现象学基础之上的。

毕达哥拉斯主义者把数字看成自然界里有待发现的普遍原理，具有自然法则的实在，皮尔斯称自己的范畴为新毕达哥拉斯范畴（cenopythagorean category），他从数学里

---

① 1904 年皮尔斯在 "Logic viewed as Semiotics, Introduction Number 2, Phaneroscopy" 一文中用 phaneroscopy（显像学）替代了 phenomenology（现象学），在《世纪词典与百科全书》(*Century Dictionary and Cyclopedia*, 1909) 中用 phaneron 替代了 phenomenon。虽然皮尔斯关注的现象是客观世界的质，但我们不能得出结论：皮尔斯现象学的范围要小于胡塞尔的现象学。Spiegelberg (1956：173) 指出皮尔斯和胡塞尔现象学的最基本区别是意向性（intentionality），皮尔斯持一元论观点，强调可感受的质是一种意识，一级范畴（firstness）、二级范畴（secondness）、三级范畴（thirdness）构成他的现象学范畴，但并未区分被感受到的质（the quality felt）和对质的感受（the feeling of a quality）。与之相对，胡塞尔具有二元论倾向，在区分行为和内容的同时关注相同客观内容的不同主观表现，从这一意义上讲，胡塞尔的意向性模型只能与皮尔斯的二级范畴、三级范畴存在着可对比性关联。

推导出三个范畴①: 一级范畴 (firstness)、二级范畴 (secondness)、三级范畴 (thirdness),任何其他概念都可以化简为这三个范畴。一级范畴是这样的东西: 任何感觉的、简单的和肯定的属性; 短暂的、抓不住的; 和任何其他事物没有联系, 它们是绝对的自由 (瓦尔, 2003: 25)。二级范畴是这样的东西: 不自由的、有限的, "它们把它们自身强加给我们, 由于蛮力 (brute force) 的存在而与另外一个事物相对或连接" (瓦尔, 2003: 25)。夜空中划过的流星打破了夜空原有的寂静, 流星是对夜空粗鲁的、外在的强加, 这里夜空是一级范畴, 流星是二级范畴。三级范畴是将一级范畴和二级范畴连起来的中介, 如火车把汽笛和寂静联系起来。皮尔斯相信, 所有出现在心智面前的事物都包含着三个范畴, 所有经验都包含着一种中介。三个范畴间是互相渗透的, 不出现就没有对抗, 一级范畴是二级范畴的前提, 没有一级范畴就不存在二级范畴, 没有二级范畴就不会有三级范畴②。

一切对象都可通过三级范畴来表达和认知, 但三级范畴是一个不可化约的关系, 不可化约为二元关系, 即三元关系是认知的基础。老子认为宇宙源于道, 是一个道生万物的动态过程, 道生一, 一生二, 二生三, 三生万物。需要指出, 这里的一、二、三并非具体的数字或事物, 而是从无到有、从少到多、从简单到复杂的过程。因此, 老子的一、二、三也不能直接对应皮尔斯的一级范畴、二级范畴、三级范畴, 但"阴阳"表示基本二元范畴和对立关系, 与皮尔斯从可能性进入到现实性的说法具有高度类比性, 即只有进入关系才能描述自然万物, 才可被认知和表征。道是从无到有, 但无常形, 与时迁移, 道是混成, 先天地生。道家之一脉的"宣夜说"倡导宇宙无限论的演化观, 日月星辰的运动各有其规律, 宇宙一切皆由气组成, 因此, 提倡天人合一, 体现了老子宇宙一元论。

3 关于确定信念的方法

皮尔斯创造了"实效主义"(pragmaticism)③, 强调自己关注的是经验和想得到的效果, 并非具体的行动和实际效果, "一种弄清任何概念、教条、命题、词和其他符号真实意义的方法"(*CP* 5.6)。皮尔斯的实效主义是对科学领域里所运用方法的思考,

---

① 迪利 (Deely, 2018: 197—200) 提出了理解的四个阶段概念。理解的第一阶段是从动物到人类的转换, 其依据是产生了推理思维能力, 人能区分对象 (objects) 与事物 (things) 以及认识到现实性 (reality)。理解的第二阶段是符号的出现, 人们通过使用符号得以认识到现实性的最高属性, 从奥古斯丁到普安索时期的神学阶段。理解的第三阶段是现代性时期, 常识超越了教会权威逐渐占据知识的中心。理解的第四阶段始于皮尔斯 1867 年提出的新范畴观, 通过符号过程调节推理与实践的内在关系。
② 皮尔斯一级范畴对应可能性、二级范畴对应现实性、三级范畴对应习惯和规则, 这是皮尔斯符号三元关系的基础, 皮尔斯符号学的核心范畴符号活动衍生出符号结构三元关系 (符号载体—对象—解释项)、符号载体性质的三分 (质符—单符—型符)、符号与对象关系的三分 (像似符—指示符—规约符)、符号与解释项关系的三分 (直接解释项—动态解释项—终端解释项)。
③ 为了表达杜威、詹姆斯、席勒等对实用主义 (pragmatism) 阐释的不满, 皮尔斯创造了实效主义 (pragmaticism)。

源于他对实验室精神的推崇,"证实或否定那个概念所隐含的所有可以想到的实验现象"(*EP* 2:332)。至此,皮尔斯明确了词语或概念意义应采用科学实验方法的立场。

基于自己的普遍范畴体系,皮尔斯在《固定信念》(The Fixation of Belief,1877)一文中讨论了解决意见的不同方法,即惯常法(method of tenacity)、权威法(method of authority)、先验法(priori method)的不足,进而指出逻辑推理才是唯一的科学方法。我们在此简单回顾皮尔斯提出的四种解决意见的方法。第一,惯常法。即不顾任何相反的证据、冲突的观点、无情的事实,而坚持自己的信念。第二,权威法。由国家、教会、特定组织、团体等具有统治地位或一定影响力的社会机构,把观点灌输、强加给人民大众。统治者喜欢用权威法去控制人们的思想和行为,给人们设定固定的思维模式,限定人们的思考范围,坚决制止不同的行为方式来维持既有的统治,任何自由都可能破坏现有秩序。第三,先验法。在皮尔斯看来,先验法优于惯常法和权威法,因为先验法本质上是一种探究的方法。

皮尔斯充分认识到经验在人类智力运思过程中的重要作用,"经验是我们伟大的老师"(*EP* 2:154)。现实的情况也大致如此,如果我们不能说人是受经验控制的,至少可以说人倾向于相信经验。我们应认真对待经验,经验常常教育我们,事情并不总是我们想象它们所是的样子,但人们都希望自己的观点和意见与事实相符。有时候习惯的力量会让人坚守旧的信念,事后发现这些信念并没有可靠的根据。与任何特定信念相比,完整的信念(integrity of belief)无疑更为重要和有益。"通过寻找与理性一致的东西来解决我们的信念,我们所寻找的信念与我们其他的信念是一致的……"(瓦尔,2003:48)但先验法产生的信念具有不确定性,"今天似乎是最不可动摇的意见,明天会被发现是过时的"(*CP* 5.382)。"用独立于我们想法的东西来确定我们的信念"(瓦尔,2003:49),因为经验常常会背叛我们,将我们引向错误的方向。

日常思维模式下我们会看到和识别不同颜色的物体,如白云、蓝天、绿水、青山等,我们看到的是事物外显的颜色,但我们不会看到颜色的品质或属性,获得这一认知需要逻辑反思。"怀疑是一种痛苦和不满的状态,我们挣扎着要摆脱它并进入有信念的状态,信念是一种稳定和满足状态"(Peirce,1877:5),信念引导愿望并塑造我们的行为。人的行为都会伴随着不同程度的信念,"相信的感觉是或多或少的确定,在我们的天性中已经建立了一些习惯,这些习惯将决定我们的行为"(Peirce,1877:4)。我们倾向于采用我们所相信的方法,这是一种自然状态下的正常过程或反应,皮尔斯称之为先验法。只有残酷的事实或现实可以消解和制止人们已有的根深蒂固的先验或先入为主的倾向。为了达到有信念的状态,人往往采用探究的方法,而探究的唯一目的就是解决意见。思维的有限性就在于我们永远无法也不会将我们知识范围以外的东西作为我们的探究对象,因为它们不会影响我们的意识也就不会产生探究的动机。我们倾向于固执地认为,我们的每一个信念都是真的,而且我们为之追求和奉献的事业具有真理的属性,从这一意义上讲,信念体现着习惯的本质。人根据特定前提所做出的特定推理是因为存在着深层的机制,即意识习惯,这是一个从本能(instinct)经过经验(experience)再到习惯(habit)的动态过程。

1878年皮尔斯在《澄清概念》(How to Make Our Ideas Clear)一文中指出:考虑什么效果,以及可能有什么实际的关系,这是我们认为概念对象所具有的。那么,我们对于这些效果的概念是我们对于对象概念的全部(*EP* 1:132)。从这里我们可以窥探皮尔斯遵循的实效主义准则:即任何概念,除了指我们所能想到的那个概念所具有的实际效果的整体以外,什么也不是。

由于惯常法、权威法、先验法都无法产生确定的信念,于是,皮尔斯提出了第四种方法,即科学方法。科学方法(the method of science)是这样一种方法,即所有人都将达到一致的最终结论(Peirce,1877:10),"科学方法的中心是这样一个信念,存在着独立于你、我或任何特殊团体所认为它们是什么的事物"(瓦尔,2003:51)。皮尔斯假设,存在着完全独立于人们观点的真实事物,它们通过常规影响我们的感知,但因我们与对象关系的差异而出现不同的感知,根据感知规则,我们通过推理来判断事物的真实性,任何具有足够经验和理性的人都可获得这一真正的结论。每个人都使用科学法处理大量事物,只有不知如何使用科学法时才会停下来。皮尔斯认为,我们在推理过程中除了使用归纳和演绎之外,溯因(abductive reasoning/inference)是第三种科学的方法,"溯因是引入任一新观点的唯一合乎逻辑的操作;归纳所做的仅仅是确定价值,演绎所做的仅仅是推出一个纯粹假设的必然结果。演绎证明某物必须是,归纳表明某物实际是,溯因表示某物可能是"(*CP* 5.172)。归纳可验证想法,演绎拓展想法,而溯因则帮助人们获取新想法。皮尔斯的科学方法难能可贵之处还在于,他倡导的是知识可错论。首先,皮尔斯的可错论(fallibilism)对应宗教无错(religious infallibilism),重要之处在于,皮尔斯坚持科学是可错的。比如反事实条件(counterfactual conditionals)错误,就是前提错误的条件,比如"如果你没有嫁给我,那么,你可能成为一个富婆"。其次,皮尔斯反对笛卡尔在《心智方向的规则》(*Rules for the Direction of the Mind*)一书中提出的科学链条说,认为笛卡尔的研究方法是独断论者方法,"认为一个信念是绝对肯定的或没有错误的不仅是过早的,而且也是非哲学的,对于探究是毁灭性的。人应该在已有信念基础上建立新的东西,并且认识到这些信念可能是错的"(瓦尔,2003:56)。我们要做一个"悔过的可错论者","在经验反对他的信念时,他会抛弃信念"(*CP* 1.55)。由此得出,我们的信念是可错的,我们的观念里不存在绝对肯定的信念。皮尔斯在里德(Thomas Reid,1710—1796)常识主义基础上,发展了批评的常识主义(critical common sensism),提倡哲学要从常识性信念出发:如火能烫伤人;没有支持,东西就会落地。再次,皮尔斯受达尔文影响,提出了进化宇宙论,即在自然和意识里所有规则性的东西都被看作是生长的产物,进化的宇宙是从一种完全混沌状态发展为绝对规则状态,在从绝对混沌到绝对规则的运动过程中,存在着一个三元关系:机会(opportunity)、发生(occurrence)、习惯(habit)(*CP* 1.277)。

至此我们已知,皮尔斯是如何通过范畴来建构知识体系,如何通过具有可错论性质的科学方法(归纳、演绎和溯因)来确定信念,如何通过符号活动(semiosis)的无限衍义追求真理。那么,精神文化符号学作为一门独立学科或研究领域其信念是否具有合法性?精神符号学天人合一信念的深层结构是什么?是否符合皮尔斯提出的科学方法?

4 天人合一信念的深层结构

"深层结构"是使中国在历经变化后仍保持它自身特殊认同的因素,是历史上从古至今比较稳定的规律,并且在可见的将来,这个相对稳定性在一定程度上仍会持续。(孙隆基,2015:前言)在人与自然的关系问题上,西方有上帝创世说,而中国则信奉天人合一。鉴于符号是人存在与发展的本质特征,符号学统摄一切有关意义的活动,人与世界的各种不同关系实际上是不同符号系统在发挥作用,事物因处于不同符号系统中而具有不同的意义。在这一传统影响下,中国人形成了顺从天意、崇拜权威、重形象和悟性思维而轻形式逻辑、以史为鉴等思想哲学。老子将礼崩乐坏的深层原因归结为符号灾难,不同于孔子的正名,而是主张消除符号对人类以及人类社会的控制,或符号异化所导致的人的异化和社会失序,提倡自然、无为和天人合一。

中国历史上出现过两次形而上学的猖獗,这两次都是文化发生危机,令人对它失去信心,又适逢外来文化侵入造成的。第一次是五胡乱华时代佛教传入,第二次是对马克思主义的全盘拥抱。(孙隆基,2015:380)在追求天人合一的中国文化中,亲疏、贵贱、长幼、男女之关系皆受"礼"的节制,天地之间因礼而有序。中华文化对礼的推崇,其深层根源在于,中国提倡儒、道、佛三教合一,和合性发挥主要作用,要求人人在文化行为上保持同一。中国人最高的宗教经验是保持人与人之间的和合,中国式的天国是人间太平和天下大同。中国人的"天"并不是超越世界之上的"上帝",而是"天地人"这个世界系统内在的组成因子之一。(孙隆基,2015:353)中国人的良知系统由身与心构成,心包括感情、理智、道德、意志。这区别于基督教文化中每一个个体都是独立的精神主体和权利主体的主张,个体具有显性的边界,自我是一个完整的整体,提倡以自我组织的方式完成自我。如果说中国的民族性格是和合性,那么,俄罗斯的民族性格就是聚合性①。

天人合一的理念就是中华优秀传统文化的深层结构,发展至今更是体现出对全人类生命的关怀。"从中国传统认知模式来看,任何符号都是'天人合一'的产物,不可避

---

① 俄罗斯斯拉夫派领袖霍米亚科夫提出东正教的本质是聚合性(соборность),这是对上帝的统一信仰之下,众多教徒自愿的聚集,但强调每一个个体是拥有自由的和独立的,"是个体意识、集体意识和普遍意识的三位一体"(特鲁茨科伊《论人类意识的本质》),"俄罗斯民族东正教信仰的实质,是由内向外的和谐的精神有机体"(张杰."聚合性"意识中的俄苏符号学[J]. 符号与传媒,2012(2):4)。1993 年《第一届世界俄国宗教会议纪要》指出:俄罗斯人的文化自决权,排除了所有生物民族主义和沙文主义,在俄罗斯民族大家庭里发挥着聚合和融合作用。

免地具有一定的人类社会文化特征，这也是人类符号活动迥异于动物的根本之所在。"（张杰、余红兵，2021：6）人类命运共同体理念是中国优秀传统文化基因与天下大同美好愿景的现代化表征，倡导和平、发展、公平、正义、民主、自由的人类共同价值，与中国现代化进程以及世界各国现代文明发展方向具有内在一致性。文明交流互鉴是人类命运共同体的实现方式，是对霸权主义丛林法则的超越，是对文明冲突论的有效解构。由图腾崇拜发展为资本主导的现代社会，全球危机日益加剧和凸显，表现在世界极化发展、国家民族间的依附、国际事务的操控、人对人的奴役、物对人的控制，人这一万物至尊已经异化到前所未有的程度，人道主义、人本思想需要尽快回归。

"精神文化符号学的研究是要在符号与表征对象、符号与人、符号之间发掘内在的精神联系，而不是仅仅揭示符号本身的精神价值。"（张杰、余红兵，2021：6）宇宙之道或天道意欲表达意义的无限性、多元性、多层级性，只要存在着解释行为或潜在的解释行为，那么意义就永远处于未完成性状态，是一种自由和无限的状态。人的生命历程具有有限性，而生命进程需要遵循规定性，人在这种有限性和规定性的基础上去向往无限和自由，追寻解放和独立之境是一种美好的理想。人类社会的进步需要激情和创造性，生命的美好在于不断突破界限，探寻原本不可能的世界。

5 结语

继皮尔斯提出"整个宇宙充满了符号"（*EP* 2：394）和"人是一个符号"（*EP* 1：54）。卡西尔的《人论》充分论述了人是符号动物；西比奥克从动物符号学到生物符号学再到全球符号学的视野拓展；佩特丽莉认为人作为符号伦理动物需要为自己行为承担相应后果与责任，用伦理规范和约束自己的行为，进而提出了伦理符号学；赵毅衡深刻洞察到符号学在理清人类表达与认识意义中的重要作用，呼吁重视符号泛滥所产生的意义漩涡，要用符号学来帮助建设现代中华文化。

当今全球社会面临诸多危机，在国际关系中政治、经济、文化、军事等传统领域都出现了前所未有的挑战，在百年未有之大变局的国际背景下，中华民族伟大复兴更需要全面分析和把握世界局势，及时调整我国发展的文化发展策略，助力一带一路倡议和人类命运共同体建设，建立与我国经济地位相适应的国际话语体系，充分发挥我国在国际社会中的作用，实现从积极参与国际事务到制定国际规则和引导国际发展角色的转变。中华优秀传统文化是中华民族生生不息、发展壮大的历史积淀和未来基础，是民族精神的符号。精神符号学遵循人类知识获取的基本规律，契合中华文化深层结构，体现符合全球利益的价值倾向和人文关怀。

参考文献

[1] Deely, J. *Basics of Semiotics* [M]. 南京：南京师范大学出版社，2018.

[2] Jie Zhang & Hongbing Yu. A Cultural Semiotics of Jingshen：A Manifesto [J]. *Chinese Semiotic Studies*, 2020, 16 (4)：515 – 534.

[3] Spiegelberg, H. Husserl's and Peirce's Phenomenologies：Coincidence or Interaction [J]. *Philosophy and Phenomenological Research*, 1956, Vol. 17, No. 2：164 – 185.

[4] Peirce, C. S. *Collected Papers of Charles Sanders Peirce* (*Vol.* 1 – 8) [M]. Cambridge：Harvard University Press, 1931 – 1958.

[5] Peirce, C. S. How to Make Our Ideas Clear [J]. *Popular Science Monthly*, 1878 (1)：286 – 302.

[6] Peirce, C. S. The Fixation of Belief [J]. *Popular Science Monthly*, 1877 (12)：1 – 15.

[7] Peirce, C. S. *The Essential Peirce* (*Vol.* 1 – 2) [M]. Bloomington：Indiana University Press, 1992 – 1998.

[8] 陈中，姚婷婷. 三心合一：精神文化符号学认知模式与中国传统文化中的"心知"[J]. 符号与传媒，2021 (22)：15 – 25.

[9] 赫尔德. 论语言的起源 [M]. 姚小平，译. 北京：商务印书馆，1998.

[10] 李思屈. 精神符号学导论 [J]. 中外文化与文论，2015 (3)：9 – 19.

[11] 李思屈. 精神符号学的概念、方法与应用 [J]. 符号与传媒，2021 (23)：1 – 24.

[12] 李涛. 动画符号学建构的阿基米德点探析：基于精神符号学的研究 [J]. 符号与传媒，2021 (23)：25 – 38.

[13] 苗力田主编. 亚里士多德全集（第一卷）[M]. 北京：中国人民大学出版社，1990.

[14] 齐良骥. 康德的知识学 [M]. 北京：商务印书馆，2011.

[15] 孙隆基. 中国文化的深层结构 [M]. 北京：中信出版集团，2015.

[16] 瓦尔. 皮尔斯 [M]. 郝长墀，译. 北京：中华书局，2003.

[17] 臧金英. AI 时代精神符号学与文化产业的内在逻辑 [J]. 传媒观察，2020 (8)：53 – 59.

[18] 赵小波. 文化产品互动营销的精神符号学本质 [J]. 文化艺术研究，2019 (1)：24 – 30.

[19] 张杰，余红兵. 反思与建构：关于精神文化符号学的几点设想 [J]. 符号与传媒，2021 (22)：1 – 13.

[20] 赵毅衡. 符号学的一个世纪：四种模式与三种阶段 [J]. 江海学刊，2011 (5)：196 – 201.

[21] Sebeok, T. A. *Global Semiotics* [M]. Bloomington: Indiana University Press, 2001.

[22] 佩特丽莉. 符号、语言与倾听——伦理符号学视角 [M]. 贾洪伟, 译. 成都: 四川大学出版社, 2020.

On the Belief of Cultural Semiotics of *Jingshen*

Shan Hong

(School of Foreign Languages Huzhou University)

Abstract: Facing the increasing global crisis, the importance of the humanistic significance of semiotics begins to highlight. Cultural semiotics of *Jingshen* is the product of this context. It is the in-depth thinking of Chinese scholars rooted in Chinese excellent traditional culture and the community of shared future for mankind, advocating the cognitive and behavior mode of the unity of nature and human beings, pursuing the emancipation of human thinking, the harmonious development of man and nature, individual and society. With the help of Peirce's universal category theory and the method of fixing belief, this paper confirms the legitimacy of cultural semiotics of *Jingshen*, and explores the deep structure and theoretical root of human oneness with nature, in order to clarify the concept and help the development of cultural semiotics of *Jingshen* to an independent discipline.

Keywords: cultural semiotics of *Jingshen*; belief; harmony between man and nature; C. S. Peirce

作者简介

单红, 女, 湖州师范学院外国语学院讲师, 硕士。主要研究方向为符号学。

基金项目

本文为国家社科基金一般项目"儒家经典俄译符际文化信息守恒与失衡研究"(19BYY211) 阶段性成果。

《诗经·小雅》酒礼符号研究

季 宏

摘 要：《诗经·小雅》含"酒"的诗篇大约有23篇，约占30%。而《国风》含"酒"的诗篇只有5篇，占比3%。比例悬殊这么大，只能说明《小雅》和《国风》的主题不一样。《小雅》反映治国理政大主题，主要描写"丧、祭、射、御、冠、昏、朝、聘"等社会活动，而《国风》则主要反映普通人的喜、怒、哀、乐等小情感，以民间小调为主。治国理政的核心在交流，邦国之间、家庭之间、个人之间都在交流，人们在交流中达成共识，在共识中合作共赢，在共赢中天下太平。以"酒"为主题的符号系统与以"礼"为主题的符号系统，在治国理政的各个层面，建立起和谐共生的局面，我们叫"礼符号"与"酒符号"的共舞。

关键词：符号 诗经 小雅 礼仪 美酒

1 《小雅》描写治国理政与酒符号的关系

1.1 与诸侯的关系

周朝最基本的政治制度是分封制。《荀子·儒效》曰：周公"兼制天下，立七十一国"，其中最重要诸侯国有卫（康叔）、齐（姜尚）、鲁（周公旦）、宋（微子启）、燕（召公奭）、晋（唐叔虞）等国。这些诸侯国都有自己独立的领地，有进贡朝拜、拱卫王室的义务，而诸侯国之间则是相互平等的。诸侯大多是天子同姓宗亲或异姓功臣，这些人来朝拜天子，酒是不能缺席的。天子巡守各地，美酒更不能缺席。周朝天下稳定，核心在于诸侯稳定。《小雅》就用大量的篇幅描写歌颂这种政治制度。《南有嘉鱼》《南山有台》《蓼萧》《湛露》《彤弓》《菁菁者莪》《吉日》《庭燎》《沔水》《鹤鸣》等篇目都记录了天子招待诸侯的盛况，其中以"酒"为媒的交往最为精彩。

1.2 与神灵的关系

对天地祖先的祭祀，美酒是最重要的祭品之一。《周礼》有"酒正""郁人""鬯人""司尊彝"等官职，其中"酒正"管理酿造"五齐（未过滤酒糟的浊酒）""三酒（滤去酒糟的清酒）"等酒品；"鬯人""郁人"管理祭祀用酒"秬鬯"（用黑粟酿造的酒）和"郁鬯"（将郁金香汁与秬鬯和在一起）；"司尊彝"则管理"六尊""六彝"祭祀用的酒器。用美酒感谢天地万物养育之恩，表达对先公先祖的追思。"夫礼之初，始诸饮食"（《礼记·礼运》）。通过祭祀，可以观察10种意义："事鬼神之道""君臣之义""父子之伦""贵贱之等""亲疏之杀""爵赏之实""夫妇之别""政事之均""长幼之序""上下之祭"等（《礼记·祭统》）。孔子在观察"蜡祭"以后，发出"大同""小康""大顺"三大感叹，认为通过祭祀看治国，如同看自己的手掌一样容易（《论语·八佾》）。所谓"大同"者，是"大道之行也，天下为公，选贤与能，讲信修睦。故人不独亲其亲，不独子其子，使老有所终，壮有所用，幼有所长，矜、寡、孤、独、废疾者皆有所养。男有分，女有归。货恶其弃于地也，不必藏于己；力恶其不出于身也，不必为己。是故谋闭而不兴，盗窃乱贼而不作，故外户而不闭，是谓大同"（《礼记·礼运》）。所谓"小康"者，是"天下为家，各亲其亲，各子其子，货力为己，大人世及以为礼，域郭沟池以为固，礼义以为纪，以正君臣，以笃父子，以睦兄弟，以和夫妇，以设制度，以立田里，以贤勇知，以功为己"（《礼记·礼运》）。所谓"大顺"者，"天子以德为车，以乐为御，诸侯以礼相与，大夫以法相序，士以信相考，百姓以睦相守，天下之肥也，是谓大顺"（《礼记·礼运》）。不管"大同"理想，还是"小康"社会，都是人类奋斗的理想。所选择的最佳路径就是"修礼以达义""体信以达顺"（《礼记·礼运》）。"修礼"表现在"货、力、辞让、饮食、冠、昏、丧、祭、射、御、朝、聘"（《礼记·礼运》）12个方面，而"体信"则表现在"遵守合同，讲究信用"。只有严格按照合同办事，事情就顺利。但凡不按照合同办事，违背合同契约的，事情就不顺利。所以，治国理政的关键就是要坚定不移地维护合同契约的严肃性，对于任何违背合同、撕毁契约的行为都要严厉制裁，以维护公正的社会秩序。治国理政的低级标准是建立"信用社会"，高级标准是建立"礼义社会"。《小雅》着重围绕"礼义"的12个方面编辑诗歌，用这部教材教育子弟。

1.3 与贤士重臣的关系

天子与重臣贤士的交流，酒同样也不能缺席。《诗经·大雅·韩奕》有"韩侯出祖，出宿于屠，显父饯之，清酒百壶。其肴维何，炰鳖鲜鱼，其蔌维何，维笋及蒲。其赠维何，乘马路车，笾豆有且，侯氏燕胥"等描写。韩侯要回北方的驻地，天子派重臣为韩侯饯行，赏赐美酒是重要的礼仪之一。

1.4 与亲戚朋友的交往

敬长辈高朋，美酒美食是重要礼仪之一。"故礼之于人也，犹酒旨有蘖也：君子以厚，小人以薄"（《礼记·礼运》）。酒酿造的时间越长，酒味越醇厚绵长；人修养越高，其态度越温和谦恭。用陈年美酒敬长辈和高朋，表明主人对客人的尊敬。

2 《小雅》所呈现的酒符号系统

所谓符号，是人类社会创造的，用于表达思想和情感的东西。它具有交流性、符合性和多样性等特点。人类是一个社会性群体，广泛地深度交流使得人们关系更加紧密，情感日益加深。交流需要一种媒介充当信使，传递情感，表达思想。但在符号传递过程中，由于交流链条环节众多，导致符号与事实不相符，出现假冒伪劣符号。这些假冒伪劣信息，有的是信息源发出的虚假消息，有的是传播环境中出现误解。这就需要及时交流和沟通，以检查信息源和信息流中符号与事实对象的符合程度。

符号是从心发出，用"心意"表达的，呈现两条符号表达线。一条是"言语"符号；另一条是"形象"符号。语言由于自身的局限，不能完全表达"心意"的全部内容，就需要用"形象"来表达，或者用"物象"，或者用"事象"。在酒文化交流中，以"酒"为主题的"形象"交流则占据主要方面。酒的"物象"包括酒质、酒具等，而酒的"事象"包括以"酒"为中心的各种礼仪和程序。

《周礼》所描写的美酒有：齐（五齐：泛齐、醴齐、盎齐、缇齐、沉齐），酒（三酒：事酒、昔酒、清酒），饮（四饮：清、醫、浆、酏），清酒、黄酒、旨酒、矩鬯（用黑黍酿造的酒）、郁鬯（用郁金香煮成的汁与秬鬯勾兑在一起）。酒器有：六尊（牺尊、象尊、著尊、壶尊、太尊、山尊）、六彝（鸡彝、鸟彝、斝彝、黄彝、虎彝、蜼彝）、漆尊（脩、蜃、概、散）等。饮酒器有尊、爵、罍、斝、觓、爵、犀牛角、壶、觥、瓢、卣。舀酒器有鉋、斗、圭瓒（天子）、璋瓒（诸侯）等。酒器的材质有青铜、玉、漆器、兕（犀牛角）觥、木、陶等。这些酒质、酒器"物象"符号，所表达的意义各不相同，有的是祭祀专用，有的是招待客人的。这些意义体现在不同类型的"酒事"上，诸如吉礼、婚礼、丧礼、军礼和嘉礼等。由于政治生活、社交活动大多都以酒作为"物象"和"事象"的媒介，酒作为符号就在政治生活中扮演重要作用。在《周礼》中出现了以酒为名义的官职，诸如酒正、酒人、浆人、郁人、鬯人、司尊彝等。爵位的"爵"就是一种酒器，是天子分封诸侯时赏赐给诸侯的，由此引申为爵位官职。"我有好爵，吾与尔靡之"（《易·中孚》）；"王者之制禄爵，公、侯、伯、子、男，凡五等"（《礼记·王制》），"以其有功业爵之"（《韩非子·五蠹》），"发彼有的，以祈尔爵"（《小雅·宾之初筵》），"以八柄诏王驭群臣。一曰爵，以驭其贵"（《周礼》）等。

3 各种礼仪中的酒所扮演的角色

3.1 士冠礼，即成人礼

儒家注重用礼仪推行教化，士冠礼是成年教育礼。"凡人之所以为人者，礼义也。礼义之始，在于正容体、齐颜色、顺辞令"，"冠者礼之始也"。（《礼记·冠义》）冠礼以后，预示着冠者已经成人，可以饮酒娶妻，要接受成人的规范约束。三次加冠，一次比一次尊贵，鼓励冠者要精修德行，事业进步。冠礼结束以后，"乃醴宾，以壹献之礼"(《仪礼·士冠礼》)。所谓"壹献之礼"包括"献"(主人献酒)、"酢"(客人回敬)、"酬"(主人先饮,再请客人饮酒,并赠送客人礼物)三个环节。"醴"这种美酒在其中扮演了重要角色。

3.2 婚礼是人生最重要的一次人际交往

"婚礼者,礼之本也"(《礼记》)。婚礼为婚礼参与人提供一个绝佳的教育机会,更是新娘、新郎绝佳的教育机会。教育他们"男女有别,而后夫妇有义;夫妇有义,而后父子有亲;父子有亲,而后君臣有正"。酒作为重要媒介,全程参与、见证整个过程。婚礼要经过"纳采""问名""纳吉""纳征""请期""亲迎"六个环节,说媒要喝甜酒(醴),婚礼要喝交杯酒(合卺),新妇次日要向公婆行"一献之礼",表示公婆已经将家内之事托交给媳妇。《仪礼》记载"舅姑共飨妇以一献之礼",介绍公婆和媳妇以酒为媒介,完成献酒、回敬和再敬酒等过程,实现家庭权力和平过渡交接。

3.3 吉礼和丧礼

面对已经离我们而去的亲人,有吉礼(祭祀之礼)和丧礼作为规范人与鬼神之间的界限。在《仪礼》中有"丧服""士丧礼""既夕礼""士虞礼""特牲馈食礼""少牢馈食礼""有司彻礼"等章节描述这些礼仪的细节。其中,敬献醴酒是一项重要环节。在周礼中,在祭祀中设置一个"尸"的位置,让他代表将要被祭祀的对象。向"尸"敬献醴酒叫"酳酒",有三个环节,主人初献、主妇亚献(第二次)、宾长三献。在"尸"和主人之间,还有一个"工祝"的角色,他负责沟通传达"尸"的祝福。《小雅·楚茨》详细描述了这个场景:"礼仪既备,钟鼓既戒。孝孙徂位,工祝致告。神具醉止,皇尸载起。鼓钟送尸,神保聿归。诸宰君妇,废彻不迟。诸父兄弟,备言燕私。"《小雅·信南山》也记录了祭祀中的细节:"祭以清酒,从以骍牡,享于祖考。执其鸾刀,以启其毛,取其血膋。是烝是享,苾苾芬芬。祀事孔明,先祖是皇。报以介福。万寿无疆。"酒是个发酵之物,通过酿造把富含淀粉、糖类的粮食水果转化成含酒精的液体,这个过程是一个升华的过程,从一种事物转化成另外一种事物。这些粮食和水果都是孕育新生命的种子,将诞生更多种子。现在把这些种子,用酒曲发酵,在微生物的作用下,转化成美酒,用来祭祀祖先。歌颂祖先是孕育生命的种子,没有先祖的生命传承,就没有我们自己。我们能够有幸来到这个世界上,接受阳光雨露的滋润,是托祖先之福。用美酒美食表达感激追思之情,先人这种感激之情发展成为隆重的祭祀活动。溯源文化传统,所有伟大文明都是用这些真挚情感创造出来。《诗经·大雅·生民》描写了这种伟大的情感。"卬盛于豆,于豆于登,其香始升。上帝居歆,胡臭亶时。后稷肇祀,庶无罪悔,以迄于今。"后稷被称为农神,他教民稼穑,种植粮食谷物,使得人们衣食无忧,生命得以繁衍发展。从后稷开始,祭祀活动延续到今天。

3.4 乡饮酒礼、射礼等

日常交往是人们交流沟通最重要的活动。为了规范交往的界限，礼就成为人们依据的标准。《仪礼》记述了"士相见礼""乡饮酒礼""乡射礼""燕礼""大射礼""公食大夫礼""觐礼"等礼仪，美酒成为这些交往必不可少的道具。其中，"乡饮酒礼"直接用饮酒命名。饮酒的标准动作是"一献之礼"，通过"主人献酒""客人回敬""主人再敬酒"等环节表达主人与客人直接相互尊重，相互谦让的心意。《礼记·乡饮酒义》写道："尊让洁敬也者，君子之所以相接也。君子尊让则不争，洁敬则不慢，不慢不争，则远于斗辨矣；不斗辨则无暴乱之祸矣，斯君子之所以免于人祸也，故圣人制之以道。"尊敬、谦让是人际交往的基本原则，如何教化民众遵循这个原则，《仪礼》就用诸如"乡饮酒礼""射礼"等礼仪形式作为载体，对民众进行教化，以建立和谐友好的社会。

4 酒作为符号与礼的关系

人类交往，必然产生人际矛盾。为了解决矛盾，有"法"和"礼"两种办法。"法"解决已有矛盾，"礼"预防矛盾发生。"礼"是治未病，"法"是治已病。"礼"在国家治理方面具有优先性和战略性。

溯源礼教的来龙去脉，需要回到《诗经》所呈现的五次礼让故事上。即古公亶父的"让土地，保民命"，泰伯的"让王位、成孝悌"，文王的"让地畔，得和睦"，武王的"让功业，成仁孝"，周公的"让名誉，成圣人"等。这些西周时期的著名人物所积累的精神财富，在《诗经·大雅》中得到总结发扬。其中《诗经·大雅·皇矣》就总结出来人际交往的三条铁律："无然畔援、无然歆羡，诞先登于岸""不大声以色，不长夏以革，不知不识""询尔仇方，同尔兄弟"。意思是不侵犯地畔、不羡慕权力地位、不大声说话、不给人脸色、不说话伤人、不朝令夕改、有重大信息要及时通报等。文王的这些精神成果，被周公及其继承者编著成《周礼》《仪礼》等文献，用以规范人与人之间的交往行为。

《周礼》设六官，象征天地四季不同的职责范围。天地之间既有界限又有联系。如果天地之间没有界限，就是混沌一片，上下不分、浑浊不清。天地有了界限以后，各自的职责才能区分，天生地长的任务才能完成。天带来阳光雨露，地负责生长万物。周公学习天地规律，设置了天官、地官、春官、夏官、秋官和冬官系统。天官系统其长为大宰，也称冢宰，是六官之首、百官之长，其职掌理天下政务，辅佐王者统治天下。地官系统的长官是大司徒，其职责是掌管编制天下各国土地的地图与记载人民数目的户籍，以辅助王安定天下各国。春官系统的长官是大宗伯，他的职责是掌管祭祀之礼；夏官大司马是掌管全国军事的长官；秋官大司寇为"刑官"，执掌刑法；冬官系统的长官为大司空，负责工农业生产和服务保障。《周礼》原书缺《冬官》，用《考工记》补之。这样，《周礼》为地上所有人群都赋予了职业名称，或者王公、士大夫，或者百工、商旅、农夫、妇功等。每个人在姓名之上加持着职业符号，表示人们在管理身体空间的同时，还要管理职业空间。对于各类空间及其空间关系，所遵循的原则是，非允许不得进入。一方面，对于他人拥有或者管理的空间要尊重其主权，不能任意侵犯边界；另一方面，尊重利益相关方的知情权，有重大行动要及时通报，并就合作事宜达成契约。契约参与人要严格按契约要求规范自己的言行举止，不能有任何违背契约合同的事情发生，更不能任意撕毁契约合同。如果对契约合同有什么异议，必须通过协商谈判的方式，重新建立新的契约合同。《周礼》设置"秋官"对侵犯空间、违反契约等行为进行制裁，"以五刑纠万民""以圜土（监狱）聚教罢民"。而要人民遵守自己的空间范围，不侵犯他人的空间范围，就需要教育规范。"地官"和"秋官"就负责"邦教""邦礼"工作。"地官·大司徒"谈到十二教："一曰以祀礼教敬，则民不苟。二曰以阳礼教让，则民不争。三曰以阴礼教亲，则民不怨。四曰以乐礼教和，则民不乖。五曰以仪辨等，则民不越。六曰以俗教安，则民不偷。七曰以刑教中，则民不暴。八曰以誓教恤，则民不怠。九曰以度教节，则民知足。十曰以世事教能，则民不失职。十有一曰以贤制爵，则民慎德。十有二曰以庸制禄，则民兴功。"这里的祀礼是祭祀之礼，阳礼是乡射礼、乡饮酒礼，阴礼是婚姻之礼。

周公"制礼作乐"的思想实质是贯彻文王所奉行的"礼让"精神，这个精神向上可以追溯到尧舜禹三代。《史记·五帝本纪》记载到"舜耕历山，历山之人皆让畔；渔雷泽，雷泽之人皆让居"，礼让精神在远古就已经成为一种风尚。到了周朝，礼让精神得到发扬光大。

5 美酒在《小雅》中所扮演的角色

《诗经·小雅》从教育的角度，用诗歌的方式把以"礼"为中心的治国理政的各个方面表达出来。

《鹿鸣》呈现了一幅用美酒和音乐招待宾客的盛景。"我有旨酒，嘉宾式燕以敖"，"我有旨酒，以燕乐嘉宾之心"。这里"旨酒"是美酒的意思。

《常棣》呈现一幅兄弟情深的场景。"傧尔笾豆，饮酒之饫。""饫"是古代家庭私宴的名称。

《伐木》描写招待亲戚朋友的景象。"伐木许许，酾酒有藇"，"伐木于阪，酾酒有衍"，"有酒湑我，无酒酤我"。"酾酒"是用竹筐筛出清酒，"藇"是酒的甘美，"衍"是酒香四溢，"湑"是用薮草筛出清酒，"酤"是一夜造出来的酒。

《鱼丽》描写主人用美酒、美食招待客人的诚心。"君子有酒，旨且多"，"君子有酒，多且旨"，"君子有酒，旨且有"。"旨"酒好，"多"酒多，"有"酒有。

《南有嘉鱼》反复描写主人用美酒招待客人的情景。"君子有酒，嘉宾式燕以乐"，

"君子有酒，嘉宾式燕以衎"，"君子有酒，嘉宾式燕绥之"，"君子有酒，嘉宾式燕又思"。"燕"宴会，"式"宴会的环节，"衎"安适自得，"绥"平安。主人对宴会的各个环节考虑得非常周到，使得宾客"乐"（快乐）、"衎"（安适）、"绥"（平安），客人感到受到尊重，有宾至如归的感觉。"又思"回到家里回顾参加这次宴会的所有细节，感到主人处处用心，安排得非常周到，客人期盼再次受到邀请。

《湛露》描写旅居在外的亲人回家省亲，主人安排丰盛的晚宴为亲人接风洗尘。"厌厌夜饮，不醉无归"，"厌厌夜饮，在宗载考"。"厌厌"是酒宴丰盛的样子，美酒美食充足，音乐歌舞齐备。"宗"是宗亲，"考"是父辈亲人。

以上六首诗歌介绍主人和宾客之间的愉快交往，主人用美酒、美食、音乐、舞蹈等盛情地招待宾客，客人受到尊重和礼遇，心里非常高兴，也愉快地向主人敬酒，主人又频频再向客人敬酒。主宾之间和谐快乐，极大地增进了友谊，加深了感情，从而促进家庭、事业获得不断发展。

《六月》中的"饮御诸友，炰鳖脍鲤"，描写尹吉甫打败玁狁侵犯之敌以后的庆功情景。美酒、美食献给英雄，圣贤达人"张仲孝友"在座作陪。

《斯干》描写人们对生女孩的祝福和愿望，"无非无仪，唯酒食是议，无父母诒罹"。德行上要没有非议，不能让父母蒙羞，还要能够操持家务，制作酒食。

《小宛》用"人之齐圣，饮酒温克。彼昏不知，壹醉日富。各敬尔仪，天命不又"等诗句，通过描写人们对喝酒的态度，说明要加强道德修养，提升思想认识水平。有的人饮酒有节制，有的人饮酒必醉且态百出。表面上看是喝酒态度，实际上是一个人的修养。修养好的人，喝酒是为了尊敬朋友、增加友谊，而修养差的人，喝酒是为了发泄郁闷、麻醉自己，不仅不能增加友谊，还有可能破坏友谊。

《大东》从新的角度描写人们对"酒"的认识。"或以其酒，不以其浆"，东边小国敬供的是美酒，高贵的周人却认为是淡而无味的浆汁。"维北有斗，不可以挹酒浆"，诗人观看像勺子一样的北斗七星，想象能不能用北斗七星这个勺子舀酒浆。

《北山》用"或湛乐饮酒，或惨惨畏咎"等诗句，描写不同的工作态度，有的人饮酒作乐；有的人小心谨慎，害怕出错。

《楚茨》描写人们用美酒敬献祖先，又用美酒宴请宾客。代表神灵的"尸""祝"和参加祭祀的亲朋好友都吃饱喝足，醉意朦胧，满意而归。"以为酒食，以享以祀"，"献酬交错，礼仪卒度，笑语卒获。神保是格，报以介福，万寿攸酢"，"神具醉止，皇尸载起"，"既醉既饱，小大稽首。神嗜饮食，使君寿考"。

《信南山》同样描写人们在丰收之后，祭祀天地神灵祖先的情景。"曾孙之穑，以为酒食"，"祭以清酒，从以骍牡，于祖考"。

《桑扈》描写酒具之精美和酒质之柔醇。"兕觥其觩，旨酒思柔"。

《頍弁》描写主人宴请兄弟亲人的场景。主人戴着皮帽子，准备着美酒佳肴。诗歌描写了美酒美食："尔酒既旨，尔肴既嘉"，"尔酒既旨，尔肴既时"，"乐酒今夕，君子维宴"。酒是"旨酒",菜肴是"嘉"(有机)、"时"(新鲜)、"阜"(丰富),希望客人一醉方休,快乐高兴。

《车辖》描写婚礼现场劝酒的情景。"虽无旨酒,式饮庶几",虽然酒淡不是旨酒,希望您还是多喝几碗;"虽无佳肴,式食庶几",虽然素餐不是佳肴,还是请您多吃一点。

《宾之初筵》集中描写喝酒的全过程,从入席喝酒到喝醉出丑,全景式展现酒宴上的各个环节。"酒既和旨,饮酒孔偕。钟鼓既设,举酬逸逸",美酒醇厚可口,献酒、敬酒、酬酒、旅酒、射壶等秩序井然;"酌彼康爵,以奏尔时"边喝酒边射箭投壶,输者要喝健康酒;"其未醉止,威仪反反,曰既醉止,威仪幡幡。舍其坐迁,屡舞僊僊。其未醉止,威仪抑抑。曰醉既止,威仪怭怭。是曰既醉,不知其秩",没有喝醉时,仪表堂堂,喝醉以后,手舞足蹈;"宾既醉止,载号载呶。乱我笾豆,屡舞僛僛。是曰既醉,不知其邮。侧弁其俄,屡舞傞傞。既醉而出,并受其福。醉而不出,是谓伐德。饮酒孔嘉,维其令仪。凡此饮酒,或醉或否。既立之监。或佐之史,彼醉不臧。不醉反耻,式勿从谓。无俾大怠,匪言勿言,匪由勿语。由醉之言,俾出童羖。三爵不识,矧敢多又",诗人描写一个人喝醉的样子,大呼小叫,碗碟撒地,手舞足蹈,歪戴帽子斜穿衣。诗人评道,如果意识到自己喝醉了,就赶紧回家,这是有节制有德行的表现;如果继续喝酒,就要丑态百出,说出不当的话,做出不当的事来。从饮酒行为可以观察一个人的德性。对于安排酒宴的主人,要安排酒司令,既要让客人喝好,又不能让客人喝得太醉。对于酒德不好的人,还是尽量少请他喝酒。

《瓠叶》素描式描写喝酒的整个环节,"尝酒""献酒""酢酒""酬酒"。"君子有酒,酌言尝之","君子有酒,酌言献之","君子有酒,酌言酢之","君子有酒,酌言酬之"。

美酒在人们的日常生活中扮演着重要的必不可少的角色。人类要生存,必然要交往。要交往,必然需要美酒作陪伴。有美酒陪伴下,礼仪的各种形式符号逐一展开。人类又在礼仪的规范下,和平共处,合作共赢,天下太平。

Research on the Symbols of Wine Etiquette in *The Book of Songs*: *Xiao Ya*

Ji Hong

(Wuli Senior High School, Hanbin District, Ankang City, Shanxi Province)

Abstract: In *The Book of Songs* "*Xiao Ya*" contains about 23 poems with "wine", accounting for about 30%. However, "Guo Feng" contains only 5 poems with "wine", accounting for only 3%. The disparity in the proportion is so large, which only shows that the themes reflected in "Xiao Ya" and "Guo Feng" are different. "Xiao Ya" reflects the major themes of state governance, and mainly describes the etiquette of "mourning, sacrifice, shooting, imperial, crown, fainting, court, and appointment" between the family and the country, while "Guo Feng" mainly reflects joy, anger, sorrow, and joy, etc., mainly in folk minor. The core of state governance is communication. There are exchanges between states, families, and individuals. People reach consensus in exchanges, cooperate and win-win in consensus, and the world will be peaceful in win-win. The symbol system with the theme of "wine" and the symbol system with the theme of "li" have established a harmonious coexistence situation at all levels of state governance. We call it the dance of "li symbol" and "wine symbol".

Keywords: symbols; *Book of Songs*; *Xiao Ya*; etiquette; wine

作者简介

季宏，陕西省安康市汉滨区五里高级中学，高级教师，教育硕士。主要研究方向为诗经符号学。

基金项目

陕西省教育科学"十四五"规划2021年度课题《陕西省高质量基础教育体系建设研究》，课题批准号：SGH21Z18。

符号文本空间中的青年亚文化
——以 B 站宣传片《后浪》为例

高小茹

摘　要：2020 年五四青年节前夕，哔哩哔哩弹幕网（B 站）发布了一部名为《后浪》的视频宣传片。该视频发布不久就成为互联网的热门话题，引发了全社会的广泛讨论，且随着舆论不断升级，产生了诸多争议。在这些争议的背后存在着一个巨大的文本空间，其中《后浪》不仅是一个经过复杂编码产生的文本，具有自身子结构间的对话与交流，也是一个面向现实和观众开放的符号系统和交际系统，不同的接受者随着自身接受语境的不同，可以对画面进行不同的意义阐释，从而赋予它无限的生命力。本文以引起诸多争议的《后浪》为焦点，对其所具有的以有限反映无限的空间模拟功能和隐含着收编与抵抗的文化互动功能进行探讨，进而提出《后浪》事件对于多元文化和谐共生的启示。

关键词：《后浪》　文本　青年亚文化

1 引言

　　文明与文化是两个既相互联系、又相互区别的概念。人类文明发展的历史其实是一个不同文化系统间相互影响、彼此渗透的过程。而每一种文化系统中又包含着众多的亚文化，它们源于主流文化，却也时常与后者产生互动，并对其进行反哺。其中，青年文化是亚文化中极具独特性和最为活跃的类型，它不仅蕴含丰富的表现样态，又具有青春张扬与矛盾的统一性表征，还与经济社会文化发展密切相关。青年亚文化概念的提出最早可以追溯到 20 世纪 40 年代的芝加哥学派，当时他们的研究重点是青少年群体的犯罪行为。以罗伯特·帕克为代表的芝加哥学者通过人类学的民族志考察法针对社会边缘群体的越轨行为深入考察，为之后的亚文化研究奠定了深厚的学术基础。1964 年，伯明翰大学成立了当代文化研究中心（The Center for Contemporary Cultural Studies，CCCS），以斯图亚特·霍尔、理查德·霍加特等学者为代表的伯明翰学派不仅继承了芝加哥学派的青年亚文化研究，而且指出青年亚文化的形成与社会现状息息相关。赫伯迪格（Hebdige，1979：96—99）指出了主流文化对青年亚文化的收编过程有两种形式：商品收编和意识形态收编。之后也有学者提出青年亚文化可以通过风格化表征进行反收编，从而捍卫自己的社会地位。自 20 世纪 80 年代起，随着我国改革开放的深入推进，西方文化思潮大量涌入，对我国青年群体产生了较大影响。20 世纪 90 年代后，互联网技术的兴起推动着青年亚文化逐渐从社会边缘走向文化舞台中心，成为中国特色社会主义文化谱系中不可或缺的一环。近些年来，社会对青年群体的关注与日俱增，这不仅是因为社会对青年亚文化的态度发生了转变，还因为具有开放、包容和创新性的青年亚文化在新时代更能迸发出蓬勃的生命力。

2020年5月3日，借纪念五四青年节之机，哔哩哔哩弹幕网（简称B站）联合央视新闻、《光明日报》《中国青年报》《环球时报》《新京报》、澎湃新闻、观察者网一起推出了一部名为《后浪》的视频宣传片。该视频由国家一级演员何冰主讲，配以B站UP主和电竞选手等画面作为当代青年形象，用一种"前浪"的口吻表达了对年轻一代的高度认可、赞美和鼓励。当晚该视频在央视一套黄金时段播出，随后《人民日报》官方微博等主流媒体也参与了视频转发，最终引起巨大的社会反响。截至2021年11月11日，该视频在B站平台上的播放量已达3271.1万。《后浪》的视频内容和表现形式在火爆刷屏的同时也引发了不少讨论，大部分是正面积极的评价，然而也有许多观众借此机会表达他们对视频内容的不满，其中不乏青年群体，他们拒绝被《后浪》所歌颂的青年形象所代表。伴随着话题不断发酵，舆论场最终呈现割裂态势（胡逢源，2020：103）。种种场景不禁引人深思，作为一部节日献礼性质的视频，《后浪》为何能引发舆论的轩然大波？结合视频发布之后在互联网各个平台出现的众多衍生作品，为何它会在这样的一场收编互动中受到青年亚文化的抵抗？

2 《后浪》研究概述

《后浪》是哔哩哔哩弹幕网于2020年五四青年节前夕发布的一部宣传视频，一经发布便引发全网热议。截至目前，国内不少学者已经注意到了这种现象并从多个领域对此展开了相关研究，如蒋宏大（2020）从传播学角度出发，基于《后浪》现象探讨了圈层文化的兴起与发展，指出媒体在圈层文化传播中应起到正确引导的作用；还有学者如袁会和蔡骐（2021）则从语言学角度，以报纸报道中的"后浪"话语为研究对象，采用批评话语分析的方法总结了媒体"后浪"话语的实践形式及产生的社会文化意义；还有学者通过对青年大学生的深度访谈，总结出该群体对《后浪》的主要态度类型并对此进行深层归因（玄铮，2020）；另外一些学者从《后浪》事件中敏锐察觉到了现象背后折射出的代际撕裂问题，如王玉香（2020）、成黎明（2020）、杨宇静（2021）、张雪和杨向荣（2022）等。由此我们可以看到，在前人研究中，《后浪》经常被视作一个客体，而本文则试以《后浪》本身作为研究对象，视其为一个可产生意义的主体性机制，通过对《后浪》的文本功能及隐藏于背后的文化收编行为进行解读，以期揭示该视频的意义生成机制并探讨该案例对于文化融合的启示。

3 空间模拟：从有限中反映无限

托波罗夫（1997：455）认为文本具有空间特征，而空间本身也可以理解为一种传达。洛特曼在此基础上进一步提出文本具有空间模拟机制，它可以在有限的空间中反映无限的现实世界，所模拟的现实是一种"世界图景"，具有空间性和一般性。《后浪》正是借助有限的文本来模拟无限的客体，也即现实，其空间不仅代表所描述的那一部分，而且代表整个生活的总和。然而，也正是由于它只能在有限的情节中反映无限与完整，所以在面对各种各样的客体时，这一文本注定只能选择将之翻译而不是复制。此时，不同编码具有的不匀质性和本质上的不可译性又促进了意义的产生。

3.1 不匀质：文化生存的土壤

符号空间结构的不匀质性是产生新信息的机制之一。在《后浪》中，这种不匀质性指的不仅是充斥于《后浪》这个艺术文本内部的各种语言性质迥异，而且也包括创作语言的多相性。

《后浪》想给年轻一代观众传递积极乐观、对未来充满希望的价值观，创作语言主要运用了演讲者富有激情的话语陈述、频繁穿插其中的展现"后浪"精神风貌的画面镜头以及随着叙事节奏不断变化的配乐，这种内在的多语性和结构的不匀质性使得该视频在观众的每一次阐释中都能生发新意义。为使更直观、更客观地看到《后浪》创作语言的丰富性，我们借助视频标注软件 ELAN 6.2[①] 对《后浪》进行数据标注，经过统计发现（如表1所示），《后浪》中出现的有效场景共 123 个，其中非演讲者画面，无论是数量还是时长，都占视频整体的较大比例。结合视频主题，我们知道非演讲者画面主要展现的是"后浪"们的精神风貌，其中既有以人为主要拍摄对象的各种文化活动，如看电影、跳舞、潜水、跳伞等，也有小部分画面以物作为主要拍摄对象来衬托演讲主题，如以高楼大厦的画面映衬"城市繁华"；以 iPad 的镜头证明年轻一代可以"自由学习一门语言"；以机票、行李箱等的特写镜头呼应"去遥远的地方旅行"等。

表1 《后浪》中的创作语言类型统计

分类	标注数量	标注时长（s）	标注时长百分比
演讲者画面	12	87.994	41%
非演讲者画面（人物场景）	99	110.51	52%
非演讲者画面（非人物场景）	12	15.679	7%
总计	123	214.183	100%

洛特曼文化多语性的实质并不在于性质不同的语言最终合成一种意义，而在于不同的语言以各自不同的方式模拟现实，然后本质上不可译的文本相互翻译，产生新的意

[①] ELAN (Version 6.2) [Computer software]. (2021). Nijmegen: Max Planck Institute for Psycholinguistics, The Language Archive.

义。(康澄,2005:111)《后浪》中性质迥异的多种语言既有融合的趋势,又有因各自的不可译之翻译产生的张力,对其进行的阐释也因人而异,如前文提到的"自由学习一门语言"所对应的画面是用 iPad 学习的场景,iPad 是如今无纸化学习的典型代表,但典型并不代表普及,没有条件使用 iPad 的观众似乎就被这种语言学习的"自由"拒之门外。诸如此类的不同编码在《后浪》这个文本中进行程度各异的对话和交流,使得《后浪》成为一个意义发生器,作为一个内部相互联系的动态系统参与到与外界的交流过程中。

创作语言的多相性主要体现在标题"后浪"上。在这个文本中,"后浪"一方面直接指向的是青年群体,"我看着你们满怀羡慕""满怀敬意""满怀感激",演讲者何冰作为后浪的对应面,也即"前浪",对年轻一代充满希望,认为年轻人是一个国家最好的风景;另一方面,"后浪"指向的也是一种自然规律,俗语有云"长江后浪推前浪",比喻人或事物不断发展更迭,新旧代谢。在视频中,演讲者以"我们在同一条奔涌的河流"作结,表明"前浪"与"后浪"并非敌对的关系,社会的发展也并非一方被另一方取代这么粗暴。无论是长江还是社会,既需要前浪在前开疆辟土,也需要源源不断的"后浪""奔涌"来保持自身的生机和活力。

3.2 不对称:文化内部的碰撞

《后浪》一经发布便引起广大网民关注,实际上离不开官方媒体的大力助推,因此在互联网这个大的符号空间中,《后浪》已经在特定时间段内占据了主导地位,成为符号空间的"中心"。洛特曼认为,符号圈的空间图景特别明显地反映在艺术文本的镜面中,其中最为典型的便是符号空间的不对称性,这里的"不对称"指的就是符号圈的"中心"与"边缘"之间的关系。一旦《后浪》完成了系统的自我描述过程,它就力图把这种规则传播到整个符号圈中,其中就隐含着其背后主流文化对青年亚文化的收编。然而这种理想化的愿望势必会引起符号空间边缘文化群体的反抗,如《后浪》中出现的多种文化活动,像是利用 iPad 学习、cosplay、跳伞、潜水等在实际生活中只有部分青年才能享受,这种甚于"中心"建立的规则并不符合"边缘"的符号现实,未能体验过类似生活的青年在这种表征体系中被严重边缘化,且越是远离中心,这种规则与现实之间的矛盾就越尖锐,冲突也就越激烈。因此"边缘"成为符号空间最为活跃的领域,规则与现实在这里产生了张力场,并展开激烈的碰撞,新的符号意义也由此诞生于这个张力场中。

3.3 界限:文化交流的舞台

从"中心"到"边缘"的符号过程在界限上表现得最为活跃和积极。(康澄,2006:48)界限代表着符号个性,突出了不同空间的特征。事实上,任何文化模式都有内在的界限，也正因此，任何文化模式也都被划分为内、外两个空间。内空间意味着"我们的""自己的""安全的"等。而与之相对的外空间则是"他们的""别人的""危险的"等。洛特曼指出，界限的特征不仅体现在不同子符号圈的交流与碰撞上，也根植于我们的大脑，影响着我们对作家、作品以及生活的方方面面的理解与接受。换言之，我们对世界上某些事物的既定认识构成了符号空间的界限，它既可以是交流的手段，也会成为交流的障碍。

《后浪》作为一个完整意义和功能的携带者，在进入符号空间与其他符号系统交流的过程中，必然会受到符号圈中交织着的各种界限的影响。因为一种文化要和另一种文化进行交流，就必须通过文化空间的界限将自己的文本翻译成目标空间的语言。在这种过程中，每一次传达都会产生新信息，意义的生成也带有某种不可预见性。加之观众的立场不同，界限也就更加错综复杂。而且《后浪》作为其他符号空间特别是青年亚文化的外文本和非文本，能否成为该符号空间的现实也取决于其能在多大程度上被翻译为目标空间的语言，因而界限的存在也加速了意义的产生与增殖。

4 文化互动：收编与抵抗

《后浪》之所以能引发如此大规模的热议，除了主流媒体推波助澜外，也离不开广大网民的热切关注。显而易见，《后浪》不仅是一个经过复杂编码产生的文本，具有自身子结构间的对话与交流，还是一个面向现实和观众开放的符号系统和交际系统，因其叙事画面作为能指与所指并非一一对应，故而可给观众留下极大的可阐释空间，或曰众多的所指（王艺澄，2018：141）。在洛特曼后期的文本观中，文本所具有的社会交际功能极大地复杂化，文本需求者与文本之间的关系发生了质的变化。这一点在《后浪》中表现得尤为明显，对此我们围绕文本的三个功能对隐含在背后的主流文化的收编与青年亚文化的抵抗展开分析。

洛特曼认为文本具有三个功能：信息传递功能、信息生成功能和信息记忆功能。信息传递功能就是传达者把信息传递给接受者，在这个过程中，如果文本的编码与解码完全一致，那么该文本将准确、完整、信息量上无增无减地被传递给接受者。但在现实生活中，我们知道，即使交流双方采用的是同一种自然语言也无法保证编码与解码的完全一致，只可能在某种相对的水平上达到近似或等同。文本的第二个功能是信息生成功能，即文本可以建立某种新信息，产生新意义。文本中各种不同的子结构之间有对话和游戏的性质，它们之间的复杂关系形成了内在的多语性，进而构成了意义的生成机制。文本的信息记忆功能是指文本有保存自己过去语境的能力，它所携带的信息会随着时间的流逝而不断积累、增殖。比如《哈姆雷特》现在已经不仅仅是莎士比亚的一部戏剧，它还承载着所有与之相关的阐释。我们可能早已忘记了莎士比亚和他的观众们所知道的东西，但是我们不会忘记自他们那个时代以来，我们所学到的东西（Lotman，1990：19）。

4.1 信息传递与文化收编

B站联合央视新闻等几大主流媒体发布《后浪》之后，引起社会反响，这种传达者与接受者之间的交流过程体现的正是信息的传递功能。在该视频中，何冰作为"前浪"的代言人，对画面里的"后浪"们给予了极大的肯定与赞美。我们可以看到，父辈对青年"满怀羡慕""满怀敬意""满怀感激"；前浪眼里的青年可以"尽情享用"现代文明的成果，可以"自由学习"且"拥有选择的权利"，呈现的是"专业""自信""大气""善良""勇敢""无私""无所畏惧"等形象特征。与此同时，"前浪"曾认为"后浪""一代不如一代"，且"忧伤""迷茫""缺乏想象力"。这些标签其实已经将演讲者，也即信息的传达者与接受者置于舞台的对立面，与其本想说明的"一起奔涌在同一条河流"的主旨大相径庭。此外，在该视频中，演讲者对"后浪"的种种认知，特别是为其塑造的种种形象其实都只是一种基于特定的立场，为了特定的目的，借以特定的规则和定义的想象叙事（杨宇静，2021：91）。这种宏大叙事，带有着主流文化对亚文化的意识形态进行收编的特性。此外，有网民认为该视频对青年群体的刻画并不完整，真正具有新时代代表性的青年形象存在感很弱，而这正是传达者在信息传递过程中所带有的某种主观性、片面性和局限性的体现，因为真正的"后浪"群体内部是异质的、复杂多样的，因此这种信息传递的主观性，自然难以引发"后浪"的身份认同和价值归属。最后，据网易财经、搜狐财经等媒体刊文称，5月4日《后浪》刷屏后，B站股价飙升，一度涨近8%，截至美股周一收盘，B站股价大涨5.53%，市值达87亿美元，被怀疑是"资本运作"，这一现象也引起了信息接受者对传达者的抵触情绪。

4.2 信息生成与文化抵抗

信息的生成功能也称信息的创造功能，在此次舆论风波中主要是以下两个方面的交流产生了新意义。

（1）信息接受者与文本间的交流。洛特曼认为文本具有类似人脑的机能，是一种智能运行机制，即"意义发生器"，它能传递、产生和保存信息，但是这种智能机制得以运行的基础正是主体间对话性的存在。《后浪》作为一个具有高度组织性的文本，在这一交际行为中所扮演的不仅仅是一个中介的角色，而且是一个拥有高度自主性的平等的对话者。它本身所包含的多语性也使其成为一个意义发生器，可以起独立的主体作用，尽管这种方式的交流和接受者与其自身的交流融为一体难以区分。如视频中呈现了大量消费行为，而生产行为却鲜少出镜，这表明主流文化除了通过意识形态对青年亚文化进行收编之外，还采用商业收编的形式，即将亚文化带入市场，将风格化的元素运用于商业，将这些具有特征的符号通过大量生产变成商品。不难想象，这种与现实完全背离的展示方式势必会对以青年为主的观看者造成一定的冲击。

（2）信息接受者与自身的交流。对接受者而言，《后浪》中的各种子结构无论是话语还是图像，甚至是剪辑手法都在不断与其进行对话，如视频中出现的各种文化活动场景，像是 VR、cosplay、利用 iPad 学习、组装高达模型、看电影、旅游、摄影、新西兰跳伞等，都在无形之中形成了一种阶层区隔，在现实中其实只有部分人才有能力享受，而大多数人结合自身经历，发现自己并未被视频中所提到的"后浪"代表，因而难以响应视频的号召。此时文本所传递的信息对接受者的影响和接受者由此形成的自身认知生成了新的信息，产生了新的符号，共同参与到原有的对话过程中，从而导致接受者的重塑。这种自我交流具体体现在《后浪》的衍生作品中，如《非浪》《韭浪》等。一时之间，"或许，这才是大多数普通人的后浪"这样的词条盛行于网络，青年群体通过自己的方式表达了对主流文化收编行为的疏离与抵抗。

4.3 信息记忆与文化传承

文本不仅是意义的发生器，而且拥有文化记忆机制，可以保存自己过去的语境。在《后浪》中，这一点体现在文本与文化语境之间、接受者与文化传统之间的交流过程中。

文本可以从一个语境转移到另一个语境，在这种迁移过程中，文本可以按照新的文化语境重新编码，表达自己。《后浪》的文化语境是人们最容易忽视的一点，它被推到舆论的风口浪尖其实也与其文化语境密不可分。2020 年是特殊的一年，新冠肺炎席卷全球，极大地改变了很多人的生活方式和人生轨迹。在经历了接近半年的居家防疫后，虽然人们逐渐适应，但是情感上依旧脆弱，像《后浪》这样的"燃"向视频，反而容易激发接受者的负面情绪，"燃"不起来。此外，受新冠疫情影响，国内经济下行，就业压力陡增，青年群体的焦虑情绪酝酿已久，视频中的乐观主义更是难以引发他们的共鸣。

文本还可以实现在接受者与文化传统之间的交流。因为文本具有记忆机制，一方面，这种机制可以实现信息增值；另一方面，记忆中的某些信息一旦现实化，会展现出不同程度的缺失或遗忘。在《后浪》中，作为"前浪"的何冰以父辈的口吻向年轻一代发出鼓励和邀请，虽然措辞中带着对"后浪"的包容与尊重，但是在这背后仍是一种对青年的劝导和规训。在古代，中国的等级伦理秩序十分严格，父辈与子辈的代际关系是一种不容僭越的权力关系。父辈占据着权威性、主导性的地位，是知识和经验的持有者。与之相反，子辈则处于一种顺从性、模仿性的被动状况，是知识和经验的学习者和接受者。因此传统社会的代际关系是一种价值和权力的单向传承，且两代人所认同的也正是同一套价值文化体系。而在现代社会，这种稳定统一的生存秩序发生了变化，父辈经验的权威性、优越性和真理性受到了质疑，年轻一代所接受和认同的知识和经验来源十分广泛，这也使得他们越来越反感父辈们的老生常谈，而更喜欢能充分尊重自己、愿意认真倾听和理解自己的教导者。因此《后浪》视频中呈现的交流方式并未唤起青年的情感共鸣，归根结底是由于文化传统在两代人之间产生了碰撞，进而产生了诸多新信息与新对话。

5 结语

正如洛特曼所说，文本并无一个固定的、终结的意义，其意义能够进行复杂的加工和变形，从而产生变化与增值，而且这种意义具有某种不可预见性。（康澄，2005：44）在此次舆论风波中，《后浪》之所以引起争议，一个原因是其空间内部具有的不匀质性、不对称性和界限性在持续的碰撞与交流中所产生的张力加速了意义的产生与增值，为不同主体通过多种方式产生对话和创造新意义提供了可能。其次，《后浪》作为"完整意义和完整功能的携带者"，不仅在信息传递、信息生成和信息记忆过程中都发挥了作用，而且实现了传达者与接受者、接受者与文本、接受者与自身、接受者与文化传统、文本与文化语境间的对话。在这种多语的文本空间中，主流文化与亚文化势必要产生碰撞与交融。但从此次传播实践来看，在两种文化的交融过程中，认同与抵抗往往相伴相生，我们要做的不仅是要找准定位，融个性于共性中，而且还要充分考虑青年亚文化群体的独特之处，打破思维定式，创新传播方式，从而增强主流文化的吸引力。作为一个"意义发生器"，《后浪》所催生的诸多新意义与新对话，尽管并不都是积极的，但是这种产生新信息的对话机制正是文化得以生存、创新与发展的关键。

参考文献

[1] Lotman, Yuri. *Universe of the Mind: A Semiotic Theory of Culture* [M]. Trans. Ann Shukman. London: I. B. Tauris, 1990.

[2] Hebdige, D. *Subculture: The meaning of style* [M]. London: Routledge, 1979.

[3] 成黎明."前浪"与"后浪"如何良好互动[J]. 人民论坛，2020 (27)：102 – 105.

[4] 胡逢源."后浪"舆情分析及其对网络治理工作启示[J]. 人民论坛，2020 (31)：103 – 105.

[5] 蒋宏大."后浪"叠起，媒体如何引导圈层文化[J]. 人民论坛，2020 (22)：136 – 137.

[6] 康澄. 文本——洛特曼文化符号学的核心概念[J]. 当代外国文学，2005 (04)：45 – 53.

[7] 康澄. 文化及其生存与发展的空间——洛特曼文化符号学理论研究[M]. 江苏：河海大学出版社，2006.

[8] 尼·托波罗夫. 空间与文本[M]. 莫斯科：俄罗斯文化语言出版社，1997.

[9] 王艺澄.《西伯利亚理发师》的电影符号学解读[J]. 俄罗斯文艺，2018 (04)：140 – 146.

[10] 王玉香. 基于"后浪"现象的网络社会代沟问题研究 [J]. 中国青年研究, 2020 (10): 80-86.

[11] 项久雨. "后浪"奔涌的时代际遇 [J]. 人民论坛, 2020 (20): 102-105.

[12] 玄铮. 青年大学生参与网络争议的态度、归因与表现特征——基于《后浪》争议的新媒体时代探究 [J]. 中国青年研究, 2020 (12): 71-76.

[13] 杨宇静. 从《后浪》视频的编码—解码看当前中国的代际撕裂 [J]. 上海文化, 2021 (08): 90-98.

[14] 张雪, 杨向荣. 想象的共同体及其认同幻象——作为代际问题的《后浪》和B站跨年晚会 [J]. 广州大学学报 (社会科学版), 2022, 21 (01): 91-102.

The Youth Subculture in the Semiosphere: A Study of *Houlang*

Gao Xiaoru

(Tianjin Foreign Studies University)

Abstract: On the eve of Youth Day on May 4th, 2020, Bilibili released a motivational video titled *Houlang* that immediately becomes a trending topic and sparks a lot of discussion in the Internet. As public opinion escalates, the video has caused many disputes. Behind these disputes, there is a huge text space, in which *Houlang* is not only a complex coded text that can communicate with each other in its substructures, but also is a semiotic and communicative system open to reality and the audience. It has such an exuberant vitality because the interpretations of different receivers vary from context to context. By taking *Houlang* as the focus, this paper discusses its spacial modeling and cultural interaction with incorporation and resistance, and further concludes the enlightenment in this case for the harmonious balance of diverse cultures.

Keywords: *Houlang*; Text; Youth subculture

作者简介

高小茹,女,天津外国语大学语言符号学硕士研究生。主要研究方向为符号学。

芝加哥学派符号互动理论中的语言符号阐述

曾德鑫

摘　要：人是符号的动物，人们生活在一个充满符号的世界中。作为社会心理学的重要研究流派之一，符号互动理论认为，人类社会生活中的交往行为往往是通过社会互动来实现的。而符号是社会生活的基础，人类通过符号实现个人与社会的互动，在互动中共享对符号的理解。对于符号互动理论的语言符号阐述有助于我们从社会心理角度把握语言符号学，从而对其有一个更加整体的理解。

关键词：符号互动理论　语言　符号

1 前言

符号互动理论是一门从社会心理学的视野出发研究社会互动过程的学科，又被称为象征互动理论。在社会心理学中，社会互动被认为是分析单位，其中强调个人的主观理解，认为社会交往是人们个人理解与行为的结果。社会交往的过程，即把主观的理解赋予客体并对其作出反应的过程。在这一互动过程中，符号被人们赋予了含义，所有人们使用、解释、领悟、创造符号的过程即是符号互动的过程。符号互动论作为一种关注个体行为的社会学理论产生于20世纪30年代，美国芝加哥学派对此理论作出了重大贡献。它最初由美国社会学家、社会心理学家及哲学家乔治·赫伯特·米德（George Herbert Mead）提出。在20世纪30年代末，符号互动理论发展到高峰，威廉·托马斯（William Thomas）、查尔斯·霍顿·库利（Charles Horton Cooley）等人都对符号互动论作出了重要贡献。而后赫伯特·乔治·布鲁默（Herbert George Blumer）对符号互动论进行更加详细的梳理与概括。除了布鲁默以外，曼福德·库恩（Manford Kuhn）也发展了米德的思想，最终形成了以布鲁默为代表的芝加哥学派，和以库恩为代表的艾奥瓦学派。

本文将重点放到以布鲁默为代表的芝加哥学派，首先梳理符号互动理论的理论背景，然后分别阐述米德和布鲁默的符号互动主张，特别是符号和语言在两位社会学家的符号互动理论中的思想阐述，最后对芝加哥学派符号互动理论中的语言符号阐述进行总结。

2 符号互动理论的理论背景

"符号互动论的思想渊源可回溯到18世纪苏格兰道德哲学"（渠改萍，2010：96），以大卫·休谟（David Hume）、亚当·斯密（Adam Smith）、亚当·弗格森（Adam Ferguson）等为代表的苏格兰伦理学家开始注重对人的心理考察，从与他人的交往联系中发现自我行为的根据，以此来解释社会行动。亚当·斯密指出了人们的相互联系对行为的影响："将一个人带到社会中，他立即便有了一面他所渴望得到的镜子，这面镜子就在与他一起生活的人的表情与行为之中。这是唯一的一面我们可以在某种程度上从别人眼中看到的镜子，通过它可以检查我们的行为举止是否得体。"（董毅，2009：16—17）休谟认为，同情是一种人们用以传达并分享感情的基础，是在社会交往中理解他人的重要手段。另外，弗格森对人的习惯和本能进行了研究，他指出习惯的作用大于本能，习惯是在与他人交往中形成的。这些苏格兰理论家对思想与行为之间的联系，以及对社会与个人的关系的思考后来成为符号互动论的有机组成部分。

然而，"直接促成符号互动理论产生的是美国早期社会学家和心理学家杜威、詹姆斯、库利和托马斯等人的思想"（渠改萍，2010：96）。威廉·詹姆斯（William James）在对习惯的研究中指出，习惯在以社会因素为基础的人类行为过程中具有重大作用。而在对意识的研究中，他探究了从意识中产生出的自我，并将其分为物质我、社会我和精神我三方面。在社会我的概念中指出，人们关于自我的感知源于与他人的互动。约翰·杜威（John Dewey）在关于实用主义的研究中强调行动者对世界的理解能力，这种能力表现在人类调整自己的思想以适应环境的过程中。他认为这种理解需要参与互动，把思维当作工具说明了互动在解释人类行为时的重要性。并且，他论述了个体间的相互作用。杜威关于社会互动这样人类社会行为的主要表现形式的思考对互动论的产生有很大的推动作用。而查尔斯·霍顿·库利对于符号互动理论的贡献主要集中在他的"镜中我"思想中，他认为："人与人之间相互可以作为镜子，都能照出他面前的人的形象。"（毛晓光，2001：13）这种思考将人的行为取决于对自我的认识，强调主观世界的重要性，而这种认识主要是通过与他人的社会交往中形成的，人们在想象别人对自己的评价之中形成自我的观念。此外，他提出了初级群体的概念，认为其具有面对面的直接交往和合作的特征，强调个人的社会性，对于社会互动具有非常重要的意义。威廉·托马斯（William Isaac Thomas）则提出了"情境定义"的概念来解释人们社会互动的机制和过程。他指出，一个人在互动过程中的行为是由对情境的主观解释造成的，在个人做出行动之前对所处情景进行的考虑和主观解释就是一种情境定义的过程，这个过程事实上是人们给予意义的过程，也就是符号的过程。詹姆斯、杜威、库利、托马斯等人从社会学的不同角度为符号互动理论的产生奠定了基础，对符号互动理论的形成起了决定性作用。

但他们对社会互动的思考还不等于符号互动理论，提出符号互动理论思想的是美国社会心理学家乔治·赫伯特·米德，他综合前人的研究，提出符号互动论的基本原理。

3 以米德和布鲁默为代表的符号互动理论语言符号阐述

3.1 乔治·赫伯特·米德的理论

美国社会心理学家、哲学家米德是符号互动论的奠基人,他的文稿和讲稿集《心灵、自我与社会》对形成完整、系统的理论体系产生了重要影响。米德的理论是强调事物的意义,强调符号在社会过程、社会心理及在社会行为中作用的理论,是带有社会学特色的社会心理学理论。米德发表的关于人类行为互动和组织的观点,是社会科学中关于符号互动的大部分现代阐述的概念基础。贯穿米德符号互动思考的理论被称为"社会行为主义"。

社会交往的过程以及与他人互动的能力是米德社会行为主义的众多研究方面之一。传统的行为主义对人类心理的研究是通过对语言、身体反应和行为的分析来进行的,通过不同的测试和试验来推断人们的心理状态以及他们对自然和社会环境的反应。也就是说,传统的行为主义将其理论建立在刺激与反应之间的联系上,基于对刺激和反应之间的观察,从而概括从一种刺激到另一种刺激的响应,并试图直接解释行为。但是,它忽略了行为内部过程的影响,而忽略了我们心理生活中主观和不可衡量方面在行为中的作用。这就是为什么米德决定尝试通过行为过程来解释思想,他将研究重点放在社会联系领域上,并开创了新的行为主义的类型,即社会行为主义。为了解释行为,在米德的社会行为主义中,这种联系是通过态度(或姿态)的概念来行使的,即通过对经验的积累和解释,我们形成了一种态度,这种态度改变我们的行为并引起一种具体的反应,而这些反应可以刺激他人。社会交往,与他人的互动,以及在其中进行互动的文化环境都被视为刺激行为中的刺激。在这种互动过程中,符号是主要的沟通工具,心灵作为表意的符号的所在,参与到刺激和反应的过程中,影响人们的行动。

3.1.1 社会行为

社会行为是米德的社会心理学思考的基本立场,他强调不应以人类意识为基础解释人类行为,而应以人类行为为基础解释人类意识。他试图解释社会行为与个人对自然环境的反应之间的区别,并主张从更广泛的社会互动的角度讨论经验。个体的行为是某种社会行为的组成部分,必须将社会行为理解为一个完整的过程,而不能将其理解为特殊个体刺激和反应的积累。米德尝试从这一基本观点出发,并从其特定的角度对行为的情境因素进行更详细的研究。

3.1.2 心灵与自我

米德指出,"心灵"与"自我"是在社会行为过程中产生的,是人类经验社会性方面的产物和现象。心灵是表意符号在行为当中的所在,它使个体内部在意义产生的社会交往过程中具有个人的色彩。进入心灵的内容仅仅是社会互动的发展和产物。当动物可以采用他人的态度并利用这种态度控制其行为,便拥有了所谓的心灵,这个过程是心灵出现所涉及的唯一机制。自我拥有比生理有机体本身不同的特征，因为自我并非与生俱来的，而是逐步发展的，是在社会经验和社会活动的过程中出现的。我们作为具有自我意识的人而获得自我，这种自我只有在与他人自我确定的关系中存在。也就是说，自我的产生过程是一个社会互动的过程，自我是在个体与社会过程这个整体的关系以及这个个体与社会过程中其他个体的关系之中发展起来的。米德强调了自我发展经过的其中两个阶段：玩耍阶段和游戏阶段。在玩耍阶段，人们通过有声姿态的自我刺激而采取他人的态度，开始形成一个自我；而在游戏阶段，人们采取"泛化的他人"的态度，扮演一个参与社会活动的任何一个他人的角色。

米德认为自我的结构中存在两个内部元素，即"主我"和"客我"。"'主我'是有机体对他人态度的反应"，是个人的主体意识；"'客我'是有机体采取的一组有组织的他人态度"，是他人对自己的态度。"他人的态度构成了有组织的'客我'，然后有机体作为一个'主我'对之做出反应。"（曾昱，2010：3）这两者在社会行为的过程中是分离的，却又属于同一整体，共同出现在社会互动的经验中，构成人格。对于米德而言，一个完整的自我，同时既是"主我"也是"客我"。

3.1.3 符号和语言

米德对符号意义的思考借用了对"姿态"概念的分析。姿态可以等同于社会性动作的一个部分，这些动作有可能成为对另一方的刺激，使其反应并做出调整。这一调整又成为对前者的刺激，使其做出再调整。在这个相互影响的过程中，个体通过符号向自己指明对这些刺激的某些反应的后果，而姿态代表的社会性动作是姿态作为一种表意符号之所在。当姿态产生这样一个相互影响的过程，它就成为一种表意的符号，成为我们所说的语言，表示某种意义。用米德的话来说："在一个特定的社会动作或社会情境中，当某一个个体用一个姿态向另一个个体指出后者要做什么时，前者意识到他自己的姿态所含的意义（或他的姿态在他的经验中所呈现的意义），以至于他采取后者对那个姿态的态度，并且可能隐含地作出与后者明确地做出的反应同样的反应。当姿态在作出这些姿态的人那里隐含地引起的反应与在其他个体即作为对象的个体那里明确地引起或料想要引起的反应相同时，它们便成了表意的符号。"（米德，2018：37）

除此以外，米德认为声音符号，尤其语言，是最关键的重要符号，是社会行为的一个重要部分。社会构建了不同的意义，人在社会这个特定的环境中获得对它们的不同态度，并在此基础上做出行为。通过语言共享意义使得学习的存在成为可能，在此基础上，人作为指导行为的主体才能存在。所以对于米德和社会行为主义来说，自我和心灵是社会互动的结果，语言作为有声的姿态为心灵和自我的出现提供了媒介和机制。而自我、心灵和社会之间的相互影响和关联是通过符号和符号之间的相互作用来实现的，这里的符号主要是指语言的意义。人格的形成在很大程度上取决于语言，这一过程是自我发展所必不可少的。在整个发展过程中，人会参与不同的情境。在这些情境中，人的行为会得到社会其他成分的一系列反应。这些反应会通过语言和行动传达，然后在此基础上形成对世界、对自己的不同姿态。在社会行动中，我们通过语言这种在姿态当中产生的一套符号来把握事物的某些特征以及其与事物的关系，决定我们的行动范围。

3.2 赫伯特·布鲁默的符号互动理论

1937 年，美国社会学家赫伯特·布鲁默在继承和发展了米德的思想后正式提出了"符号互动"的概念，并在1969 年出版的《符号互动论：观点与方法》中将其上升为一种社会理论，从符号互动理论的角度看社会。在充分分析米德关于社会互动和符号思考的同时，布鲁默还对符号互动理论做出了以下的思考。

3.2.1 符号互动论的三个前提

布鲁默从行动的意义、意义的来源以及意义的作用将符号互动论归于三个主要前提。第一个前提是，人们主要是根据事物对于他们来说所具有的意义来进行活动；第二个前提是，这些事物意义的来源是一个社会过程，它们是在社会个体之间的互动过程中产生出来的；第三个前提是，人们使用意义的过程是通过对意义进行自我解释的过程，意义在这个过程中得以运用和修改。

根据符号互动理论，行动的意义是在社会互动中形成的，社会互动构成了人类社会活动的主要部分。因此，符号互动理论非常强调意义和解释作为人类必不可少的过程的重要性。一件事物对一个人具有的意义是其他人针对该事物采取不同行动的结果。他人的行为对人们定义事物的意义产生影响，一个人在其行为对意义的使用涉及了一个解释的过程。这个世界包含在社会结构、关系以及既定的概念和思想中，是群体或社会历史的产物，在这样的背景下，人类处于不断的意义构建中，经验以及与其他分享经验的人之间建立的关系决定了意义的内部建构。在互动的过程中，解释的过程不单单是对既定意义的自动应用，也是一个形成过程，在这个过程当中，意义被当成指导和构成行动的工具来使用和修正。

3.2.2 符号互动

"人生活在'符号环境'之中，具有创造和运用符号的能力，并依赖该能力来适应环境求得生存。"（陈海燕、谢立朵，2009：226）符号互动在人类社会的群体生活和行动中占据核心地位，具有重要意义。符号互动是指互动在人与人之间发生时所特有的、与众不同的特征。他们的独特之处在于人们解释或定义他人的行为，而不仅限于对他人行为进行反应。这种反应不是由于他人的行动而直接确定的，而是基于他们给予行动的意义，通过这种方式，人类的互动是通过符号的使用、解释或对他人行动意义的理解来进行的。就人类行动而言，互动这种中介方式等同于在刺激和对刺激的反应之间插入一个解释过程。一个社会是由彼此联系、相互作用的个体构成的，社会代表着人际交往的组织和结构，社会和群体生活是由社会成员的合作和协调来维持的。社会成员的活动主要发生在彼此的联系和互动过程中，社会就是一个人际符号互动的系统。要真正实现社会和群体生活的合作协调，人与人之间必须了解彼此的态度、行为及目的，因此就需要以符号作为交流信息的工具来说明事物的意义。人类社会互动的参与过程是以符号为基础的，符号在社会互动中起重要的媒介作用。

布鲁默提到了社会互动的两种基本形式："非符号互动"和"符号互动"。非符号互动是指当一个人对另一个人的行动不需要加以任何解释说明，直接做出反应时出现的社会互动形式；而符号互动则包括对这种行动的解释说明。符号互动理论将社会互动解释为符号交换和直接交流。人们可以想象他人或其他社会群体如何看待自己，也就是说，个人本身可以扮演他人或其他社会群体的角色，并相应地解释情况，再对此决定该如何行动。具体来说，人们生活在用语言符号创造的符号世界中，人与人之间通过创造的语言符号相互作用、相互影响。人们基于符号世界对周围世界进行反应，研究人类的心理活动也应该研究人类的语言符号活动。人的心理活动是人在社会交往过程中，通过符号的相互作用以及对符号的把握和运用而产生和发展起来的。

3.2.3 客体

布鲁默强调对客体进行定义的重要性。根据符号互动主义的观点，在人类和人类群体中存在着不同世界，这些世界由符号互动的产物"客体"组成。客体是指任何可以被人们指示的事物。为了方便起见，客体可以分为三类：一是物理客体，例如柜子、花朵、汽车；二是社会客体，例如老师、父亲、敌人；三是抽象客体，例如道德标准、哲学原理，以及诸如羞耻心、同理心等想法。这些客体在现实世界中是存在的，它的本质内容是由把它看作客体的人的意义而构成的。这种意义确定了人如何定义这些客体，为同一客体赋予不同的意义。客体为人们提供了对社会的不同认识，在这个认识过程中，人们将意义赋予客体，并形成、维持、转化他们世界的客体。语言作为产生一种理解的方式，并代表所理解的事物，是理解过程的象征。语言帮助人们认识自己和他人的行动，使这些行动成为意义的客体。

4 结语

无论是符号互动理论的奠基人米德的"社会行为主义"的思考，还是布鲁默对"符号互动"的理论思考，关于语言和符号的阐述都占据重要的地位。

米德提出"姿态"的概念来分析符号，并以此为基础描绘语言对社会互动中的作用。他提出，心灵和自我从本质上来说是社会的产物，而语言作为一种有声的姿态，构成了社会互动的基础，为它们的出现提供了机制。人们在交往行为中使用语言符号进行沟通，心灵作为表意符号在这个过程中产生。人们利用姿态进行沟通，当姿态能够引起他人同样的反应，成为出现具有共同或者标准化意义的姿态时，就成为有声的姿态。对米德来说，有声的姿态是语言自身以及各种衍生符号系统的来源，也是心灵的来源。正是语言这个媒介使自我的出现成为可能。

布鲁默认为，互动构成了人类社会的主要部分，社会是人际间符号互动的结果，意义和符号能够使人与人之间进行独特的行为和互动。符号互动理论的核心问题是考察以符号为媒介的人与人之间的互动。当进行人与人之间的社会互动时，每个人根据他人的行为来调整自己的行为，这些行为通过符号来表达、产生不同的意义，并通过对符号的运用来解释或确定相互间的意义，然后做出相应的符号反应。

参考文献

[1] Blumer, Herbert. *El interaccionismo simbólico: perspectiva y método* [M]. Barcelona: HORA, S. A., 1982.

[2] 陈海燕, 谢立朵. 符号互动论简述 [J]. 新疆石油教育学院学报, 2009, 10 (6): 225 – 226.

[3] 董毅. 萨特剧作《禁闭》中体现的人际关系思想 [J]. 东京文学, 2009, (12): 16 – 17.

[4] 毛晓光. 20 世纪符号互动论的新视野探析 [J]. 国外社会科学, 2001, (3): 13 – 18.

[5] 米德. 心灵自我与社会 [M]. 赵月瑟, 译. 上海: 译文出版社, 2018.

[6] 渠改萍. 符号互动理论述评 [J]. 太原大学学报, 2010, 11 (3): 96 – 98.

[7] 唐月芬. 米德符号互动理论述评 [J]. 哈尔滨学院学报, 2003, 24 (7): 25 – 28.

[8] 王志琳. 心灵·自我·社会——米德的社会行为主义述评 [J]. 赣南师范学院学报, 2003, (5): 56 – 59.

[9] 曾昱. 米德的自我观述评 [J]. 绥化学院学报, 2010, 30 (3): 65 – 67.

The Exposition of Linguistic Semiotics in the Chicago School's Symbolic Interactionism

Zeng Dexin

(Tianjin Foreign Studies University)

Abstract: People are symbolic animals, living in a world full of symbols. As one of the important research schools of social psychology, symbolic interactionism believes that the interaction behavior in human social life is often realized through social interaction. Symbols are the basis of social life, and human beings realize the interaction between individuals and society through symbols, and share the understanding of symbols in the interaction. The linguistic and semiotic elaboration of the symbolic interactionism helps us to grasp linguistic semiotics from a social-psychological perspective, and thus to have a more holistic understanding of it.

Keywords: symbolic interactionism; language; symbol

作者简介

曾德鑫，男，汉族，四川成都人，天津外国语大学硕士研究生。主要研究方向为西班牙语语言文学。

译文选登

《符号学问题》主编前言[①]

安娜·埃诺（著）　张智庭（译）

1 对于表达关系的研究

我们把今天在地球上被称作"符号学"的各种学说都想象为属于同一种潮流。在论证实际上几乎不可能有这种情况之前，我们先大胆地断言，符号学首先是对于表达关系（rapport d'expression）的研究。在做这种断言（assertion）的时候，我们觉得是在表达一种观点，在目前可以做到的情况下，这种观点似乎可以将各种符号学研究特别是依据皮尔斯（C. S. Peirce）思想所做的全部符号学研究与源自索绪尔（F. de Saussure）思想的全部符号学研究统一起来。简言之，它们是我们在这部书中感兴趣的两大主要潮流。

这样的一种断言，也是对这门新学科之起源的探讨要求我们必须给出的。实际上，虽然1965—2000年期间世界各地都有大量"符号学"出版物问世，但是，对于这样一门似乎仍然神秘和格外新颖的学科，读者有权得到对于这一问题的答复："这一切都是怎样开始的？"

今天，如果把各种"符号学"的代表性专家聚集在一起，要求他们定义一下他们各自的学科，或者指出他们学科的开始时间，那么，大概需要几个月的混乱和随后漫长的商讨，而得到的却是令人大失所望和少得可怜的共同意见。说真的，上溯到亚里士多德、斯多葛学派，或者上溯到圣·奥古斯丁，中间顺便提及像圣·保罗[②]、奥利金[③]或托马斯·阿奎那[④]那样的"先驱"，这样做并非荒唐。我们不要忘记，"符号学"（sémiotique）一词是1690年在洛克[⑤]的《人类理解论》一书中（4.21.4）首先出现的。当我们把符号学定义为对于符号（对于皮尔斯的某种快速解读）或是对于意指（signification）[这一次，是对于包括索绪尔、叶姆斯列夫（L. Hjelmslev）和格雷马斯（A.-J. Greimas）在内的流派的快速解读]的研究的时候，这种珍贵的谱系尤其恰当。但是，同样真实的是，关于"符号"（signe）、"意指"、"意义"（sens）、"价值"（valeur）这

[①] 选自《符号学问题》，[法] 安娜·埃诺主编，怀宇（张智庭）译. 北京：中国人民大学出版社，2019.
[②] 圣·保罗（Saint Paul, 5—67），早期基督教领袖。——译者注
[③] 奥利金（Origène；希腊文：Origenês, 185—251），古希腊语言学家。——译者注
[④] 托马斯·阿奎那（Thomas d'Aquin, 1224 或 1225—1274），意大利哲学家。——译者注
[⑤] 洛克（John Locke, 1632—1704），英国哲学家，著有《人类理解论》（*Essai sur l'entendement humain*）。——译者注

些术语，也曾有许多著述试图挨个为其确定一种比其他术语更为明确的理论地位。然而，令人吃惊的是，符号学研究发展非常迅速，以至这一点从未得到真正的阐述。或者换个说法，那就是，像索绪尔①或本维尼斯特（E. Benveniste，又译邦弗尼斯特）、叶姆斯列夫或格雷马斯这样重要的理论家，并没有更多地关注这种区分性任务。一切就像是他们为一种完全新颖的观点所驱使，便毫无保留地投入建立一种有关表达关系②的任务之中了。在他们之前，一些思想巨匠凭着直觉已经意识到了这种表达关系，但是，这种说法当时还不存在，它还没有完全形成。

因此，这些理论家也急于确定他们与各个学科的关系——这些学科，例如修辞学（rhétorique）或阐释学（herméneutique），从远古时代起就致力于深入探讨意义之意义。正因如此，我们更有理由认为，符号学家首先是各种思维方式（mode）所出现的细微和深刻变化即彻底改变的继承者，这种改变导致其中像莱布尼茨（G. Leibniz）那样的人开始意识到表达关系的形式特征。③

我们很幸运，能极为准确地确定这种认识论变化即改变的实践（pratique）（M. 福柯），这种变化已在阿尔诺④与莱布尼茨各持己见、互不相让的对话中显示出来。而他们之间的书信，正像帕里昂特⑤所分析的那样，保存着准确的痕迹。阿尔诺忠实于笛卡尔，也尊重法国和德国这两个国家——笛卡尔曾将这两个国家说成是神秘的（即无法合理地去认识的）国家：它们一方面表现为不理解上帝；另一方面又纠结于心灵与肉体相结合的棘手问题。阿尔诺忠实于"伟大时代"⑥的认识论；相反，莱布尼茨是泛理

---

① 我们也将会在《普通语言学札记》（*Ecrits de linguistique générale*，2002，Gallimard）中看到对于这一点的再一次确认。比如"论言语活动（langage）的双重本质"（Ⅲ. f）一节。再如恩格勒（Engler）整理的版本（Ⅳ. 3330）："早在语言学之前，所有的社会科学，至少那些有研究价值的社会科学，都在最后被纳入心理学；但是，这并不影响在普通心理学与这些科学之间有一条非常明显的分界线，也不影响每一种科学都需要即便是集体普通心理学也无法提供的某些概念（concept）……目的是确定表达领域和为其构想规则，这种确定并不在与我们的普通心理现象有着共同点的东西之中，而是在特定的和单一的东西之中，即在语言（langue）的现象之中。"〔上述著作，是根据恩格勒参照后来收集到的学生们的笔记和索绪尔的手稿整理的对于《普通语言学教程》一书的考证本（1974）以及1996年发现的新资料汇编而成的，这段文字见该书260—261页。——译者注〕
② 这一点，在这部著作的所有内容中，从不同角度得到了探讨。它还是为格雷马斯《结构语义学》（*La sémantique structurale*）第一章"科学语义学的条件"（Les conditions d'une sémantique scientifique）奠定基础的重要问题。但是，如果我们现在就希望找到人们至今从符号学（sémiotique）和从记号学（séméiotique）两个方面为表达关系所构想的方式之形象的话，我们就要参照本书第一部分的引论，以及第一章由弗洛什进行的对于康定斯基作品的研究的第三部分内容。对于记号学，拉森在第八章中，断然拒绝皮尔斯的哲学思想为这种关系进行分类的方式。（本书第八、第九和第十章使用的都是"séméiotique"一词，但由于在一般观念中，"séméiotique"是"sémiotique"的另一种表述方式，所以，译者将它们均译为"符号学"。——译者注）
③ 牛顿（Isaac Newton）的《自然哲学的数学原理》（*Principes mathématiques de la philosophie*）同在1687年出版。
④ 阿尔诺（Antoine Arnauld，1612—1694），法国冉森派教士、神学家和哲学家。——译者注
⑤ 参看帕里昂特（Pariente）所著《作品中的言语活动》（*langage à l'oeuvre*，Paris，PUF，2002）一书的"痛苦的问题，阿尔诺与莱布尼茨之间的误解"（Le problème de la douleur, un malentendu entre Arnauld et Leibniz）一节。
⑥ 指法国17世纪，即路易十四时代。——译者注

性主义者，他已经属于启蒙时代。阿尔诺从未回复莱布尼茨 1687 年 10 月 9 日的信件，而在那封信里，莱布尼茨亲自向阿尔诺解释了他对于由他引入《论形而上学》（*Discours de métaphysique*）一书之中并加以定义的表达关系的理解方式。阿尔诺只是不能理解对于表达关系的世俗解释即非神秘性的解释，因为这种表达关系既使他脱离了先前的各种形而上学的问题①，也使他脱离了任何与主观性（subjectivité）有关的概念。实际上，莱布尼茨在 1687 年 10 月 9 日致阿尔诺的信件中，表述了下面的定义："当关于一个事物可以说出的东西与关于另一个事物可以说出的东西之间存在着一种固定的和可调节的关系时，一个事物就是在（我的语言中）表达另一个事物。"按照这种定义，明确的表达与意识的统觉（aperception）就非常明显地分开了。表达关系被认为不必然包含一种人的主观性媒介（médiation），也不包含一种神灵的主观性媒介（而这一点在阿尔诺方面则是非常重要的问题）。这种关系，是按照把在一个现实（réalité）平面上讲述事实的一种已知条件（donné）投射（projection）到另一个现实平面上的数学关系的模式（modèle）来构想的。例如，这便是一个固体与它在一个二维平面上的投射之间维持的关系。甚至有人说，一部机器的模型表达这部机器，或者说，一个代数公式表达一个圆（莱布尼茨：《思维之思考》，*Quid sit idea*，Gehr，Ⅶ，p. 263—264）。

我们很清楚地看到，这些表述都没有参照一种表达的主观性。在这方面，被人预感到的是皮尔斯描述过的功能—符号（signe-fonction），因为按照功能—符号的词义，对于任何意愿性的参照都是次要的。这一点，也让我们初步看到与索绪尔符号学思想的广泛联系，特别是与其有关"言语活动的双重本质"的反复思考之间的联系，因为这种思考首先是对意义移置（transposition）感到失望的意识。根据移置的原理，意义可以无休止地从一个意蕴平面（plan signifiant）被派用到另一个意蕴平面——这种观点令人眼花缭乱，可是，莱布尼茨和很久以后的皮尔斯都据此得出了主导他们与意义之间关系的根本性结论。

我们在这部书中将主要谈及的两种符号学，就是在这极为抽象的一点上交会在一起的，但是它们在其他所有方面都是不同的。不过，为了实现这"第一阶段"所要做的研究工作之一，便是证实这种理论鸿沟正在被填平。例如，我们在已经引用的拉森的文章中将会观察到这一点，因为那篇文章把皮尔斯的符号哲学与索绪尔的语言学理论联系了起来。

我们规定给自己所要捍卫的观点，当然都有其简短的历史，它们的历史既包含着偶然性，也包含着与确定的设想内容的相遇。我们将首先简单介绍一下其历史，然后展述一下赋予这部文集总体特色的全部设想。

---

① 尤其见德勒兹（Gille Deleuze）所著《斯宾诺莎与表达问题》（*Spinoza et le problème de l'expression*，Minuit，1978）一书，特别是其结论"莱布尼茨与斯宾诺莎的表达理论"（Théorie de l'expression chez Leibnitz et chez Spinoza）。

2 简史

出版这部书的想法,是在十年中得以具体化的。这本书是于1990—1992年我在加拿大期间有了眉目的。那段时间,在与美国符号学会主席萨万(David Savan)进行了多次沟通之后,我们对皮尔斯有关符号学的哲学思想基础看得更为明晰了。萨万这位大学者的慷慨大度,使我们同意对皮尔斯进行认真的研究,因为尽管有了多个研究小组——例如佩皮尼昂市(Perpignan)以德勒达勒(G. Deledalle)和雷托雷(J. Réthoré)为首的研究小组、比利时的埃弗雷特—德斯梅茨(N. Everaert-Desmedt)研究小组、加拿大魁北克的菲塞特(D. Fisette)研究小组——的努力,但是,皮尔斯在法语国家和法语地区语言学家们那里还是不大为人所知的。迈出这一步是艰难的,首先是在经过几年努力建立起来的以格雷马斯为中心的巴黎符号学学派(École de Paris)内部难以迈出,随后是做这种研究难以积极地进入当时正在从事的各项研究工作之中,因为那些工作都严格地忠实于索绪尔、叶姆斯列夫和欧洲其他几位大理论家的发现。

1997年,我们在挪威有了另一次相遇。这一次相遇促使我们重新考虑皮尔斯学派的分析实践和其当前的问题。德鲁德·冯·德·费尔(Drude von der Fehr)作为一位文学专家,在美国布卢明顿大学学习之后,在奥斯陆大学讲授皮尔斯符号学。在美国时,她曾经是西比奥克(T. Sebeok)的学生。她从美国回来之后,一直保持着与布卢明顿大学的对话者们的联系,也与北欧的皮尔斯学派研究广有接触。德·费尔同意积极参与这一计划,她一方面撰写了"艺术与本能"(Art et instinct)一节,另一方面借助互联网联系了科拉皮耶特罗(V. Colapietro)、桑塔埃拉·布拉加(L. Santaella Braga)、约翰森(J. D. Johansen)、哈滕(R. Hatten)、埃米切(CL. Emmeche)、霍夫迈耶(J. Hoffineyer)和拉森。就这样,这或多或少使我们有可能坚持我们在加拿大时就确定下来的借助于皮尔斯的著述和其成果来研究符号学的想法。

后来,1999年,博尔德龙(J.-F. Bordron)在巴黎第四大学博士学院开办了一个符号学研讨班,它标志着迈出了新的决定性的一步:以研究口味(goût)尤其是研究葡萄酒品尝为由,我们更为深刻地探讨了索绪尔主义与皮尔斯主义之间的潜在联系。博尔德龙为这个研讨班写的文章被收入了这本书,证明了这种方向。最后,2001年5月,瑟尔(J. R. Searle)到了巴黎,来到这同一个研讨班上,于是出现了交流机会。加入交流的还有弗洛斯达尔(D. Föllesdal)和帕里昂特,这种交流最后促成了一部名叫《符号学与精神哲学》(*Sémiotique et philosophie de l'esprit*)的书。

我们并不隐瞒,这种过程的"路遇故事"(J. Kerouac①)可能是偶然和有欠恰当的,因为这种做法注定要给那些实际上只是有过邂逅的研究小组以为人所知的方便。因此,我们不无遗憾地说明,到目前为止,我们没有为其他符号学学派安排一定的位置,

---

① J. Kerouac,即美国"垮掉的一代"的代表作家杰克·凯鲁亚克(Jack Kerouac, 1922—1969),其作品人物都是美国最下层的民众,即为社会"所排挤的众生"。——译者注

例如以洛特曼（Y. Lotman）为首的塔尔图学派、以埃柯（Umberto Eco）为孜孜不倦鼓动者的意大利博洛尼亚（Bologne）学派，还有 20 世纪 60 年代由伊万诺夫（V. V. Ivanov）、乌斯潘基（B. A. Ouspenski）、皮亚蒂戈尔斯基（A. M. Piatigorski）、索米杨（S. K. Saumian）、斯特潘诺夫（Y. S. Stepanov）和托波洛夫（V. N. Toporov）这些理论家在苏联推动的学派。最后，我们还要补充说明，取得重大发展的图像（image）及象似性（iconicité）符号学［例如博尔德龙、豪斯曼（Carl Haussman）、菲塞特（J. Fisette）、索内松（G. Sönesson）等人的研究成果］未能在这部书中占有一席之地，它们将以《图像符号学》（*Sémiotique de l'image*）① 为名在"符号学形式"（Formes sémiotiques）丛书中单独出版。

3 一项持久的计划

3.1 口头传授

这一计划在符号学上是很难表述的。1976 年以来出版的许多著述，都无法改变这一主要困难：符号学的传授（transmission）（讲授）当前还是属于口头的传统。② 我们以下面的事实为证：那些非常健谈的人［和那些在自己学科里最具权威的人，例如某位传播（communication）活动策划者或某位知名的语言学家］，一旦投入对于符号学文本（texte）的自学式的阅读之中，便制造出一些无法消除的误解。这本逊色的教材的目的之一，在于保存和传授这种口头的传统，而那些不直接与符号学研究活动有联系的人则不具备这种传统。显然，符号学的研究活动涉及索绪尔学派，但是，尽管方式不同，我们也对皮尔斯学派有着相同的考虑。我们尽力复活或重启从一开始就建构了对于这种需要建构的新知识有着明确和无法言表的直觉的人们之间达成的默契。关于巴黎符号学学派，这些默契尤其指在图尔市（Tours）成立的研究小组③，即 20 世纪 70 年代与格雷马斯关系非常密切的不多的几位研究者。根据其进入研究小组的时间，也根据其与《结构语义学》的作者格雷马斯所严格确定和坚持的研究主轴建立联系的历史长短，我们可以对这些符号学家谨慎地做些等级区分。所有参加过巴黎高等社会科学研究院（EHESS）［当时设在巴黎图尔农街（rue Tournon）］研讨班的研究者，尤其是图尔研究小组的人，比在对外开放的研讨班上听过讲授的人都更多和更持续地得到过格雷马斯的

---

① 正式出版时，书名为《视觉艺术符号学》（*Atelier de sémiotique visuelle*，PUF, 2002）。——译者注
② 但是，大多数科学难道不都是这种情况吗？老师们都是逐渐地向学生讲授定型了的数学理据或物理理据，如果不是与各位教师进行过长时间的对话，那么，物理学传授或数学传授该会是什么样子的呢？
③ 这些学者曾在达罗德–哈里斯的邀请下，聚集在一起就几个基本问题进行讨论。这样的聚会不是很多，但使这个小组保持着一种很强的象征性存在，这种存在对于巴黎符号学学派的符号学知识构成一种调节。我们在图尔小组中，将仅提及几人：达罗德–哈里斯、凯雷（H. Quéré）、库尔泰斯（J. Courtès）、贝特朗（D. Bertrand）、埃诺（A. Hénault）、弗洛什（J. -M. Floch）、科凯（J. -Cl. Coquet）、丰塔尼耶（J. Fontanille）、巴斯蒂德（F. Bastide）、朗多夫斯基（E. Landwski）、齐勒贝尔伯格（Cl. Zilberberg）。

口头传授。这一点说明，尽管这些研究者之间有分歧，但他们的研究工作有着同质性。

我们尽力忠实地复原这个研究小组的共同基础并在一定程度上复原它的"正统学说"（orthodoxie）——这种复原，显然不受任何教条限制，但我们是本着一种实用有效的精神来进行的。在读者方面，我们的计划要求他们做出真正的努力来与我们会合。这就涉及要有一种非常确定的阅读契约。我们不想从远古时代说起。我们要求，读者对最基本的知识要有所了解，并且至少阅读过德尼·贝特朗在他的《文学符号学概论》一书第269页列出的入门书中的一种。① 我们的耐心读者，如果他本人也接受过文学教育和具有文学禀赋，那他肯定也能阅读贝特朗的这本书。如果他对有关图像和总体上是视觉对象（visuel）的符号学感兴趣，那他肯定会找到弗洛什在法国大学出版社（PUF）出版的（至少）一部著述，并且会想方设法去弄到同一作者的另一本书《眼睛与精神的微妙神话》（*Petites mythlogies de l'oeil et de l'esprit*, Paris, Amsterdam Hades-Benjamin, 1985），但最后却因弄不到而失望。我们在弗洛什的这部著述中选取了两篇（W. 康定斯基和 B. 拉比耶）人们最常引用的文章，用在这部《符号学问题》中，因为自他们对于视觉符号学（sémiotique visuelle）尚处摸索阶段的概念提出非常明确的界定以来，他们就越来越重要。如果我们的模范读者不想思考面太窄，那么，他就必须阅读 U. 埃柯的《符号》（*Le Signe*）以及《符号学与语言哲学》（*Sémiotique et philosophie du langage*, Paris, PUF, 1988）。

如果读者是建筑师或城市规划设计师，那他一定会去寻找《空间符号学》（*Sémiotique de l'espace*, Paris, Denoël/Gonthier）和雷尼耶（Alain Rénier）或哈马德的全部研究成果。如果是《圣经》研究者，他就一定会去了解安特维尔纳研究小组的（很富教学性的）所有出版物。如果他对电影感兴趣，那么他一定会努力去解读有时得到过科林（Michel Colin）进一步阐释的梅茨（Christian Metz）所做的研究工作。对于音乐家来讲，导论性著述便有塔拉斯蒂②和马尔塔·格拉博兹（Marta Grabocz）的著述，还不要忘记科斯坦·米耶拉尼（Costin Miéreanu）的著述。对于政治家和其他政治事务的专家，朗多夫斯基的著述是需要阅读的，特别是他的《他者的在场》（*Présence de l'autre*, Paris, PUF, 1997）。最后——最后但并非最无用的（Last but not least）——对于研究英语的学者来说，阅读凯雷的著述是必不可少的。总的来说，这部著述的大部分文章是图尔小组的成员（至少是写作本书目录中第一部分文章的成员）写的，他们都在各种地方发表过入

---

① 德尼·贝特朗著《文学符号学概论》（*Précis de sémiotique littéraire*, Nathan Université, 2000）。该书作者甚至在本书（第五章）中对他的书做了出色的简介。初学格雷马斯学说的人最常用的入门书是：库尔泰斯的《叙述与话语符号学》（*Sémiotique narrative et discursive*, Paris Hachette, 1976）、安特维尔纳（Entrevernes）研究小组的《文本的符号学分析》（*Analyse sémiotique du texte*, Lyon, PUL, 1979）、埃诺的《符号学赌注》（*Les enjeux de la sémiotique*, Partis, PUF, t. 1, 1979, t. 2, 1983）。对于那些很想获得符号学口述传统的人来说，阅读这些过去的书，是不可忽视的，因为格雷马斯过去就认为，这几本真正"严肃的"小书，尽管无大志向，但对符号学计划提供了可靠的和补充性的阐述。
② E. 塔拉斯蒂（Ecro Tarasti）曾为这本"大学本科"教材提供了有关音乐符号学研究历史全貌的激动人心的文章。

门性文章（从短小的文章到真正的论述），这些文章都以其第一手知识阐述了符号学的实践活动。

3.2 这并非一部选集

如果我们同意《小罗贝尔词典》（*Petit Robert*）把选集（anthologie）解释为"所选段落的汇编（因为这些段落出色，值得出现在一个选集当中）"的话，那么，我们就应该接受，这本书显然是汇集了多方作者贡献的一个汇编本，也应该接受他们的贡献是经过选择的。对于一种选集来说，共同点也就到此为止了。我们首先关心的是，根据"大学本科"教材的宗旨，按照有效启蒙的要求，提供可陪伴初学者的一种统一的教材。因此，我们在选择（choix）中放弃了展现"段落选编"的意图，而是完整地发表了一些文章。这些文章在今天通常是难以接触到的，但对于我们作者当中的每一个人来说，它们都曾实际地发挥过作用，指导我们培养了个人在符号学方面的能力。

第二项标准是根据我们的决心确定的，我们早已决定将索绪尔学派与皮尔斯学派的实际成果进行一一比较。这使我们确定了所要选择的应用领域：生物学、建筑学、图像和文学。它们之所以突出地显示了出来，是因为这些领域为两个学派中的每一个都提供了令人信服的应用例证。但是，这本《符号学问题》在介绍方面注定是不均衡的。原因是，如果说我们对索绪尔学派非常了解的话，那么，我们对皮尔斯学派的介绍便只能完全依赖我们所间接获得的信息。直到今天，我们还不知道是否存在着某种智力空间，可以使这一学派的全部研究工作得到思考和讨论。我们对于这一学派的研究成果，只具备有限的了解，而且也许还是层次不清的。因此，针对这一学派所选的代表性文章，有可能不如针对索绪尔学派所选的代表性文章那么可靠。实际上，我们清醒地意识到，这部反映了我们最初意图的汇编书，必然冒着不完备和有缺陷的风险。这种做法肯定会带来批评和建议，而这将会促使我们推出这本书更为完善的新版本。

3.3 符号学的现在、过去和将来

我们曾认为，有可能将这部著述限制在前十一章范围之内。如此呈现的符号学形象，就会像在 20 世纪 80 年代中期止步不前的那些人头脑中保持的形象一样是清晰的。但是，那种形象是错误的，因为它不恰当地被僵化了。实际上，这 20 年来，新的理论探索层出不穷。应该承认，现在，实践即应用并没有跟上这些理论的迅猛发展。不过，我们认为应该对这种萌发状况做些说明，即便这使我们不得不想方设法来获得对于整体计划的绝对实际的探讨。这部著述的第二部分，被看作两个被考察的学派之间有序的主题性论战，它至少可以让读者理解激情（passion）问题、口味问题或象似性问题在两个学派研究者们令人惊讶地平行的考虑当中是如何逐渐占据台前位置的。

3.4 言语活动科学的新重心

自迪克罗和托多罗夫不同意"离开词语领域",并把他们对于言语活动(langage)的理解局限于"自然语言(langues naturelles)的狭窄而平庸的意义"以来,事情发生了变化。其原因在于,赋予"言语活动"以符号之系统的索绪尔意义,使他们无以很好地面对"其界限很难确定的一种对象,这种对象因其本身的不确定性会威胁到与所有人文和社会科学——一般说来甚至是全部的科学——的对象的结合"①。符号学的这种原理上的不确定性,曾经困扰过索绪尔,而迪克罗和托多罗夫又为其增加了两种其他的考虑:

(1)符号学尚处初期阶段;

(2)符号学是根据一种设定(postulat)来运行的,而这种设定在断言"各种符号系统之间有着原理上的同一性(identité)"的同时,自己也只不过是一种假设(hypothèse)。

多亏了哥本哈根学派(1931—1959)与巴黎符号学学派(1964年至今)两个学派的共同努力,今后,我们可以说②,符号学思想远不是一种溢美性假设,它是索绪尔语言学理论的基础,这一点甚至使一种内在的系统性比较成为可能,而通过这种比较,实际言语活动实现所提供的"资料"(见《普通语言学教程》第二部分)便可以得到描述和分析。

我们知道,在索绪尔及之后的叶姆斯列夫、本维尼斯特、格雷马斯和他们的所有追随者看来,这项对于描述(description)的深入研究工作,只不过是向着上游运动的第一个阶段,它是"从语言出发,尽力达到语言所允许人看到的基础"(本维尼斯特:《普通语言学问题》,*Problèmes de linguistique générale*,II,1974,p. 233)。

换句话说,自人们对于索绪尔的思想有某种信任开始,选择就不再可能了,而且,不再可以想象自然语言可以继续只根据恰当的语法(grammaire)意义来理解,那是先前历代语法[古代有关话语(discours)各个部分的理论和句法(syntaxe)基础理论,中世纪最早的普通语法和语式论语法,古典时期的理性语法,19 世纪的历史语言学(linguistique historique)和新语法]延续下来的做法。大概不难说明,这些"真正的"语言学家的谨慎态度,实际上在很大程度上是受古代对于言语活动方式的思考左右的,

---

① 见迪克罗(O. Ducrot)与托多罗夫(T. Todorov)合著《言语活动科学百科手册》(*Dictionnaire encyclopédique des sciences du langage*,Paris,Seuil,1972),此后,将其简称为《百科手册》,以区别于在后面问题中会遇到的格雷马斯与库尔泰斯合著的《符号学:言语活动理论的系统思考词典》(*Sémiotique,dictionnaire raisonné de la théorie du langage*)。[按照索绪尔的理论,"言语活动"(langage)包含着"语言"(langue)与"言语"(parole)两个部分,符号学的研究对象是作为"符号之系统"的"言语活动",而非仅以"词语"呈现的"语言"(或"自然语言"),原因是同为言语活动的绘画、舞蹈、音乐等同样是符号学研究之对象。现在,符号学已不再是一种假设,而是向着成为独立学科迈出了一大步。——译者注]

② 参阅埃诺著《符号学简史》[*Histoire de la sémiotique*,PUF,1992,"Que sais-je? n°2691"[本段文字为丛书名称(我知道什么?)及其编号——译者注]]和本书中"索绪尔与言语活动理论"(Ferdinand Saussure et la théorie du langage)一节。

因为那些方式从那时起就已经被学校的语法广泛地取代了①，尽管语言学曾尽力建立一种新的研究。

在当代所有语言学都无法摆脱索绪尔主义的情况下，只要符号学还没有获得来自语言学方面的足够信任，这些语言学就将处于一种不舒适的理论位置，因为这种位置不是连贯一致的。不过，在为自然语言理论家们特别是为《百科手册》的两位作者做辩护的同时，也应该承认，在1972年，这样一种谨慎的态度还是基本合时宜的，因为符号学在当时还仅仅是嫩绿的麦苗。不过，也有一些富有雄心的说法［包括格雷马斯有关总体能指（signifiant global）②的说法］在到处散布对于这种谨慎态度的怀疑论——那些说法严格地讲当时还处于纲领性状态。但是，实际的情况是，首先是哥本哈根学派和布拉格学派，随后是巴黎符号学学派，某种程度上还有苏黎世小组和博洛尼亚小组、里昂小组和蒙特利尔小组、奥尔胡斯小组或圣保罗小组。从那时起，都极力跨越这些纲领性阶段和使符号学通过它的各种成果来显示存在性。恰恰是这些成果（一些很好的例证已在这本书中发表），使我们可以谈论言语活动科学的一个新重心。未来的言语活动词典范围应该更为广泛，就像它的出发点那样，同时包含着符号学推论和它最终通过（证实正在前进着的这种运动的）这些成果而为它的对象划定的界限。这本《符号学问题》，它可以验证这些初步应用的重要的启发意义，它就属于这种运动的结果。

我们知道，符号学是一种不乏诽谤者攻击的新学科。从远处看，它就像是怪物，既像鲤鱼又像家兔，它是思辨性的而不是哲学性的，它是言语活动性的而不是真正语言学的，数量可计而又不求助于数字化规律。从近处看，相对于由一个文本所承载的意指来讲，如果它的出路不是解释也不是一种阐释学的话，它会照样使人心灰意冷。但是，我们希望，思想界不要把自己封闭在对于符号学的狭窄视野之中，特别是不要在符号学上重犯法国在心理学上犯过的错误。因为在法国，心理学在皮埃隆（Henri Piéron）之后就被限定在文学院之中，而其自然的对话者则都变成了精神生理学者。对于精神状态和言语活动状态的符号学关注越来越多，这必然会丰富语言学和精神科学。③

---

① 关于这一切，请参阅谢韦尔（A. Chervel）的《应该教所有法国孩子学会书写》（*Et il fallut apprendre à écrire à tous les petits Français*, 1967）一书，也请参阅帕里昂特《作品中的言语活动》第6章。
② "从某些方面讲，虽然语言之概念似乎是很好地建立在涂尔干（E. Durkheim）'集体意识'基础上的，但是，这一概念却在下面的意义中超越了集体意识：在并非必求助于精神的基本范畴（catégorie）、在后来的一种分析中也并非要有逻辑与前逻辑（pré-logique）、意识（conscience）与无意识（inconscient）之传统的和任意的区分的情况下，它可以借助于总体能指覆盖整个社会空间，并允许随后把这个空间当作一种匀质的和封闭的系统来研究。"［见《索绪尔主义的当前现实》（*Actualité du saussurisme*, 1956, p. 194, 198—199），后来重新发表于格雷马斯《1830年的时尚》（*La mode en 1830*, PUF, 2000, p. 373）］。还可参阅齐勒贝尔伯格在其《意义的道理与诗学》（*Raison et poétique du sens*, Paris, PUF, 1988, p. 67—68）中对于"总体能指"这个概念的评述。
③ 索绪尔说（Engler版本，1974, Ⅱ, p. 47）："我们曾经讨论过，为的是知道语言学是属于自然科学范围还是属于历史科学范围。它不属于这两种科学中的任何一种，但是它属于一种类别，而如果这种类别不存在，那么，它必然以符号学名称存在着。"

作者简介

安娜·埃诺（Anne Hénault），巴黎第四大学（巴黎—索邦大学）语言学与符号学资深教授（退休），巴黎符号学研究会会长，国际符号学学会副会长。早年为法国著名符号学家格雷马斯亲授的学生，出版过《符号学赌注》《符号学简史》，并从1984年开始主编"符号学形式"丛书，现已出版50余种。

译者简介

张智庭，笔名怀宇，南开大学外国语学院法语教授，天津外国语大学语言符号传播应用研究中心专职研究员。主要研究方向为符号学研究和翻译。

现象空间中的解释：言语活动游戏与公共实施[①]

皮耶路易吉·巴索·福萨利（著）　张彦梅（译）

摘　要：格雷马斯的"内在性"（immanence）分析是解释标准的重要方法论基础，它将文本作为关键平台。于此，在和谐或分歧的语义中，交流行为必须根据一致性的调节原则而趋同。[②]文本区域应该作为潜在的异质阐释学张力的同质化（homogénéisation）平面发挥作用。然而，异质性（hétérogénéité）只能在文本性（textualité）中再次出现。例如，在艺术作品的感知经验中，通过启动符号学分节式连接，脱离优先获得意指方式的语法，能指可以成为文本的解释者。[③]关于艺术对象的界定已经是一个解释性问题，作品已经栖息于一个与其他文化身份产生联系的公共实施空间（espace d'implémentation publique）[④]中。此外，众所周知，互文性（intertextualité）的经典问题正如意向性的存在与作品的历史创作实践相关。目前，为了标记协调方式的句法，有关艺术作品的研究发展可以超越问题的简单罗列和学科应用实践的并置。然而，这一目标需要首先将艺术作品的感知、解释、分析和使用与其不同的空间相连，也就是与陈述（énoncé）、陈述活动（énonciation）、互文、实施空间相互连接。

1　文本边界的经验

1.1　符号学同质化、现象学异质性

在语言学历史中，大家主张语言的语义自立性（autonomie）（索绪尔）和语言内部组织形式的"完整"特征，后者可以模型化和表达所有的经验内容。（Sapir, 1924：121）"每种语言都拥有一个形式的、完整的、合乎要求的导向，使用者会无意识地掌握和发展它。"（Sapir, 1924：125）然而，语言发音的任意性、语言形式的无意识处埋以及阐释所要求的持久性和普遍性都激起了如下想法：符号学组织超越了工具性论证，可以持续为参照域构建平台，于此在经验中，话语从未停止被阐释。维特根斯坦有一句名言："我的语言的界限意味着我的世界的界限。"它可以被重新解读为话语和经验

[①] L'interprétation dans son espace phénoménologique: jeux de langage et implémentation publique. *Metodo. International Studies in Phenomenology and Philosophy.* Vol. 3, n. 1 (2015). pp. 113–138.
[②] 参照哈贝马斯（Habermas）和艾柯（Eco）的理论观点。
[③] 参照拉斯捷（Rastier）的理论观点。
[④] 参照古德曼（Goodman）的理论观点。

之间的辩证关系。这种辩证关系建立了一个符号学生态（écologie sémiotique），在那里语言不能被视为一个单纯的"工具"（Rastier，2011）。根据符号学内部和外部的一种嵌套（emboîtement）透视法，"系统"（système）概念的中心地位已经被"系统"和"环境"（environnemen）之间的辩证关系所取代：一方面，语言是一个系统性结构，它处于一个多元化符号学的环境中；另一方面，语言又处于一个异质的言语活动游戏环境中，在这里，对自立性的潜在要求与阐释要求的内部发展是同步的。

因此，在语言组织中把握意义只能与把握感知和传播条件的现象学相对应。意指的活力预示着系统的"容量"可以被有效的经验判断所取代，其判断是对已渗透于其他系统的存在环境的判断。这说明了文化的矛盾状态：一方面，在神经生理学的约束下，文化在语言中找到了属于自己的自立性组织形式；另一方面，通过语言间的翻译和自由的生成性语法，文化实现了自我补给。因此，根据社会范围的变态分层结构（hétérarchie），文化要求社会对这些挑战进行多重确定，并尊重每种话语组织的特性。符号学组织的细化和局部与质的评估相辅相成。这种质的评估是在判断以何种方式栖息于一个异质意义的世界中，以及相比于已然确定的意指，又是如何栖息在一个充满潜在意义能量的世界中。

尽管符号学和现象学都试图构建意义的可能性条件，但是前者的研究范围限制在对语言的一般分析和对文本的具体分析上，而后者则致力于研究"生命世界"，研究精神和主体间框架内的意指。虽然通过表明符号学承认意义结构的相对开放性，且现象学则通过证明意义从来都不是"自由领域"的一种活动而赋予言语活动以作用，两者之间的对立关系确实应该得到缓解。但是，无论如何必须强调的是：符号学主张分析的"内在性"原则，而现象学专注于系统的间质现象（phénomènes interstitiels）和横向现象（phénomènes transversaux），如"外在形象性"（figuralité）。

符号学组织的相对自立性可以证明一种内在性研究，但是媒介的多元化似乎同时也否定了整个符号学实践的一致和同质。简而言之，系统的表达，抑或是系统的自我表达，作为寻求规则（règle）和指涉对象（référent）的一种同质化实践，过度地演化成了理解意义条件的一种特别形式。然而，意义从来不在一个限定的统一领域中被展现，在陈述活动的行为中，某个社会阶段的标记本身通常作为一个行为者，并至少在两个言语活动游戏中确定角色位置。比如，一个经济行为需要法律，而法律又需要政治，等等。为了掩盖社会基础缺失问题，现代社会系统的变态分层结构则体现出制度间支持性交流的相互折中。

因此，每一种社会的生命形式（forme de vie）都只是存在环境的协调，围绕着这个环境一系列变形的身份在变化移动，并且每种环境都是由特定的言语活动游戏所建构的。① 但是，这再次表现出了文化的矛盾性。因为遵循系统及系统的相对自立性只是文化身份

---

① Cf. BASSO FOSSALL 2012.

的反映,只是在面对环境渗透时的唯一阶段,这种渗透会使生命形式变得无差别,甚至无足轻重。但是,为了保持"生命活力",通过与多元化的符号学环境进行更丰富的可能性交流,生命形式便永远不会被简化为身份的构建。

1.2 符号学组织的边界

符号学的内在主义利用了一种重构甚至是超验的方法,以便将时间和空间视为"符号化目标"(表达和内容的连接)、话语组织以及陈述(形象化)中变化着的陈述活动的内在要素。但是问题在于,每一个意义的构建总是位于和包含在某种时空维度中。此外,符号学行为是在第二或者第三顺序的观察下所掌握的意义事件。这同样要求对意义本身所属的领域边界负责,因为它不能被限制在一个私有和独立的意指"花园"中。关于价值转变和价值归宿,它们是相对而言的,它们甚至是在实践空间(espace pratique)中被聚集,也会因为符号组织形式的内在局限性被限制。

关于这点,一旦开始"去隐喻化"(démétaphoriser),"花园"这一外在形象更加清晰。在花园设计史上,"哈哈墙"(ah ah)①发明的重要性是众所周知的,即一条人工沟渠的设计发明(见图1)。它在划定地产范围的同时,也保留了花园和周围景观之间的视觉连续性。"哈哈"的命名,显现出散步者的模态化,因为他可能会惊讶于突然出现的花园与景观间的非连续性。首先,花园的完成式的空间体态化被隐藏,然后又以一种惊讶和戏谑的方式呈现(因为最后发现,花园范围并不是无限的)。

图1 哈哈墙(上图)和普通墙(下图)之间的对比②

以同质方式进行的符号化世界,它作为言语活动游戏的阵地,既试图模拟一个统一体又隐藏着它的边界。这种尝试值得尊重,因为这是在定量与变量相对立的控制空间里试图解决理解问题,并确定一种身份:花园便是这样的作品。然而,园艺视角的"内在性主义"(immanentisme)具有模糊性:一方面,与周围自然的浑然一体,具有模糊

---

① ah ah:也被称为"ha-ha",其概念源于法国,中文被翻译为"哈哈墙",它属于一种凹槽景观设计,它创造出一个垂直屏障并同时保持不间断的景观视觉。——译者注
② 原文中无此图,译者根据作者要求,添加图片以解释"哈哈墙"。

性；另一方面，通过对花园本身的内部环境进行修修补补构建想象中的远处景观，甚至是具有异国情调的景观，这同样具有模糊性。

"理解"（compréhension）的双向接合处只是意义的"内在主义"（internalisme）和"外在主义"（externalisme）之间的论争性张力，意义由此确定了陈述发送者（énonciateur）/观察者（observateur）的原型位置。"哈哈"式花园将"范例"（exemplification）和"外延"（dénotation）的辩证关系问题化，观察者立足于言语活动游戏阵地中，理想主义式地致力于保护原始景观并使其增值。另外，观察者又立足于巨大宏图的花园战略空间（一个世界的缩影）中。因此，"哈哈"一方面强调了与意义的现象学理解的接合；另一方面"哈哈"也显示了文本构建的极具有远见的特征，这种构建要求意义规则本身的内在性，尽管是以一种自我戏谑的方式呈现。

因此，在"花园"的陈述活动中出现了系统化过程的相对化。一方面，它需要包含内部世界；另一方面又被置于外部环境中。这显示了"生命形式符号学"的渗透性：一方面，生命形式明确了整体的选择性关系（绝对价值——valeurs d'absolu）；另一方面，它依靠共享关系（领域价值——valeurs d'univers①），以确定位置并依附于周围的符号域（sémiosphère）。总之，每一种文化形式似乎都表现出在组织系统和环境之间接合的符号学再生产。话语空间并不是自我实现的，这表明现象学领域从来都不是一个待跨越的初始意指世界，反而它更是表现出获取意义的形式，这些形式总是与语言学感知相融合的。更甚之，话语空间有助于语言生命形式的更新和存在张力。

如果说符号学是通过语言和话语的组织形式与无限的可能意义持续进行斗争，那么社会层面的意指只有再次通过现象性条件以尝试确定"花园"与"景观"、"景观"与"视野"之间的价值才会被明确。在与尚待确定的环境产生关联之前，文化空间只会存在分割。这种不明环境就如同是"沙漠"，或者说是一种异质的符号学想象，没有固定的表达。

意义只是语义化的边界经验，由此文化的生命形式仍然是可解释的。事实上，在聚焦于话语战略之后，意义的现象学的整体渗入会使我们注意到符号同一性的脆弱之处。这种同一性总是可以渗透的，并且如果没有与环境接合，同一性就无法继续存在。当然，通过创造力，这一弱点也成为文化的真正力量，也是文化实现自由解放的潜力。

这种观点从语言学角度并不新鲜。卡尔·布勒（Kark Bühler）的观点可以例证，他用"啊哈经验"②（Aha-Erlebnis）来表示"意指的实际经验"（vécu de signification）。这种经验是一种语义化过程，而语义化则产生于最初辨认的符号组织中，但是最后却能够与一个未被注意的相关框架相连。根据布勒的观点，通过探索意料之外的秩序，而这

---

① Cf. ZILBERBERG, 1996.
② "啊哈经验"，即"啊哈顿悟经验"，是困扰某人一段时间的问题取得突然的见解、解决方案或答案的一种经验。——译者注

种秩序又能够使明显不相关的分层式符号连接贯通,思想便可以超越语言媒介(也就是初步使陈述活动具有一定结构的语言媒介)所支撑的组织形式。布勒的"啊哈经验"概念不能被解释为一个简单的"问题解决"(problem solving),就像法语将其误导性地翻译为"尤里卡经验"(expérience-eurêka)那样。(Bühler,1909:117)布勒让我们反思到这样一个事实:一个符号实体的每种构建都会成为一个经验域,鉴于与始终包含意指事件的环境接合,相关性会渐渐探寻出其他的限定因素[比如为了展示意指性的再生产,每个花园通过面对周围景观来确定其自立性,而反过来这又促进了意义"全景"(panorama)的再生产]。

诚然,符号学分析的方法与深刻渊博的批评式洞察之间的论争,如今仍然属于"啊哈经验"解释。意指属于可以在语言空间的同质性中把握关系的"内在主义"吗?或者意指是不是涉及必须超越言语活动游戏的外部的直觉思维呢?是否存在一种思维形式可以保证在参照性的语言形式不充分的情况下显现意义,又或者"啊哈经验"的过程也是通过符号学方式处理呢?

布勒试图借助两个领域①的理论来解决问题,即语言领域(内部的句法结构)和补充性的情境(situation)领域。陈述活动的位置是一种连接,甚至可以说是一种缝合。它将陈述活动的位置确定和陈述活动的变化连接起来,将"描写"和"讲述"连接起来,景观因此被获取,花园也被构建。

布勒的观点可以被解释为:意义永远不存在一种相加的总和,陈述活动的连接只是在探寻内外引力之间和支点开关之间的某种平衡。不过,我们完全可以放弃语言组织和陈述活动情境的具体引导之间的强烈对立。尽管如此,由于无处不在的符号化,所有阶段的同质化必须在对受控领域和控制领域、花园和景观之间的边界辨认中被平衡。此外,布勒曾经提出领域之间的融合:"相关的环境领域是一种实践,语言符号处于其中。这就是为什么也被称为协同实践上的融合。"(Bühler,1934:272)

通过更高组织层次的融合,通过综合(synthèse)②[它如今通过认识分析的不同层次的相关性被充分发展成实践符号学(sémiotique des pratiques)],跨越文本边界的"哈哈墙"式观点早已经出现在传统的格雷马斯符号学理论中。(Fontanille,2008)然而,我们决不能忽视符号学领域之间"边界"(frontières)的现象学经验,以及利用它们在"意义的横向性"(transversalité du sens)中发挥作用的可能性。毫无疑问,传统修辞学已经认识到这一具象维度,但同时它也通过皮尔斯(Charles S. Peirce)的"musement"概念进一步深化了理论,也就是通过异质的经验性话语素材的共同图解来超越传统的逻辑推理。

---

① Cf. MARTHELOT. 2012.
② GREIMAS ET COURTÉS 1979, voir l'entrée «synthèse». (可参照格雷马斯 & 库尔泰斯著. 怀宇译.《符号学:言语活动理论的系统思考词典》中的"synthèse"——"综合"的概念解释。——译者注)

无论如何，一旦"解释"参与到对话关系中，每个文本边界外的解释都会激活一个特定的实践场景综合和某种实践场景的开放。

2 解释的经验

2.1 解释性工作

关于意指的嵌套顺序，内部组织的内在性中每个都是可分析的，这仍然是符号学媒介研究中的一个重要方法论原则。但是，它有可能再次延异与符号域的对抗，也就是与特定方式所获取的符号环境的对抗，这种获取是通过社会意义上的陈述活动组织实现的。

关于艺术作品配置的边界，"内在性"分析①曾经是解释伦理学的重要方法论基础。分析的内在性承认文本作为重要平台，于此，在和谐或分歧的语义中，交流行为必须根据一致性的调节原则而趋同。② 文本区域应该作为潜在的异质阐释学张力的同质化平面发挥作用。然而，异质性只能在文本性中再次出现。例如，在艺术作品的感知经验中，通过启动其他的符号学分节式连接，脱离优先获得意指方式的语法，能指可以成为文本的解释者。③ 另外，关于艺术对象的界定已经是一个解释性问题，因为作品已经栖息于一个公共实施空间④中并与其他文化身份产生联系。此外，众所周知，互文性的经典问题正如意向性的存在与作品的历史创作实践相关。目前，为了标记协调方式的句法，有关艺术作品的研究发展可以超越问题的简单罗列和学科应用实践的并置。然而，一个关键片段却承担着意义的现象学经验，也是激发和引导现象学经验的解释路径。

"解释"已经被看作是一个推理过程［解释是有指导的、非强制性的符号化（sémiose）］，或者被看作是与言语活动行为对应的意义赋予（解释是接收阶段的陈述活动），又或者它是不明交际中赋予内部的非透明因子。总之，解释作为能够确定文本意义的解码，已经逐渐被以下三种问题化观点所取代。

（1）解释是在语义结点的根茎网络中的意义复现。从这个角度来看，解释是意义的执行，它有可能是丰富的，但不是累积罗列的，解释被确定于当下，因为符号化永远是一个没有尽头的过程。

（2）解释是意义构建活动的不对称关联体，展现出主体间的不透明性。因此，解释是一种与其他陈述活动相关的翻译行为⑤，由此解释路径可以看作是对实现了的意指

---

① 参照格雷马斯的理论观点。
② 参照哈贝马斯（Habermas）或者艾柯（Eco）提出的交际理性原则。
③ 参照拉斯捷的理论观点。
④ 参照古德曼的理论观点。
⑤ PEIRCEC. P. §4.127 et §4.132. 皮尔斯指出："意义在其主要的含义中就是在其他符号系统中翻译一个符号"；"一个符号的意义就是它必须是一个被翻译的符号"。

行为的二阶观察。

（3）解释是一种合作，以填补话语空白、交际暗示和交际特应性方面。这呈现出一种为了尽力理解的张力，或者相反，拒绝对话语的不透明性做出任何妥协。从这个角度来看，解释属于一种规范标准，它聚集着其他言语活动游戏，具有伦理意义。

继提出解释的这三个层面的问题之后，当代符号学发现一个难以探究和把握的概念性对象。为了给出一个综合的、同时也是戏剧化的概念阐述，可以说解释是一项观察意指的工作，使得社会再生产的论战性布局的目标趋同一致。

解释不仅仅是明确所传递的意义，更多的是呈现语义化视角的运动，尝试着探究陈述发送者和陈述接收者之间的距离，并不断进行位置转换。然而，如果解释的复杂性证明了所在学科（解释学、语言学、传播学）的基本作用，那么学科应该根据意义限定参数来确保意义输出预期的，至少是通过特定语义限定（法律、科学、艺术、宗教、教育等）的可支配性来表达。所期望的只能通过调节原则和对不确定的交际传播的补救来实现。因此，解释被明确固定，并找到文本化的自立形式，就好像能够证明解释在交流中的价值定义。

为了明晰意义的调节性定义和最终约定俗成的定义，需要三个主要操作。

（1）将盘根错节（符号域中的千百个可能的解释路径）缩减到限定的、最终可管理的、即使是可渗透的空间中。因此，解释便受限于某种价值确定。

（2）通过调解解决陈述活动之间的对抗，每次都依势准备调整，然后探寻一种受监督的、明确的、可监测运动的解释。

（3）直接通过语义化角度的交流，汲取内容理解间的不确定性。对话者之间的这种不对称性鉴赏，有助于批判性思维的发展和论证性理由的阐述。

如果解释想要在单纯的作品使用中避免转换，就必须假定出作品意图（intentio operi）（Eco，1979），也就是立足于文本组织的意向性。正如在关键阶段中，可以调节生产意向性（intentionnalité de production）和接收意向性（intentionnalité de réception）之间的不对称传播。比如在翻译关系中，解释具有来源导向（source oriented）或目标导向（target oriented）的能力。但是，通过将文本内在性作为媒介、作为调节对立的弹性张力的轴心，解释的关键仅仅在于两个吸引者——作者和读者——之间的辩证关系。

如今，艾柯独特的方法理论仍然是超越极端的内在论主义者或者认知主义者的启示录。但是，他的理论并没有完全澄清在不明意图调节下的空间之间的关系。

2.2 解释的空间

每个文本所带来的乐趣，就像一首音乐，必然预示着它在对象的生产中被转化（在这种特定情况下，转化为"声音对象"）。事实上，这些文本，即使这些文本错综复杂地混合在一起，似乎也被某种主导的、试图管理交际行为的言语活动游戏所控制。然而，在对象的相关性层面，我们已经处于生产、解释和传播实践的交叉点上，这必然涉及不同的言语活动游戏。对象在引入一个有时带有奴性反抗的异质因素类的符号标记时，进入文本结构便成为问题，因为对象不能被简化成文本结构。

因此，对象只是形式空间（集中的）和具体空间（外延的）之间的媒介，前者用于符号的交际，后者融合了局部和偶然的相关性以与实施空间产生关联（Goodman, 1984）。一旦一个文本必须通过一个对象来表达，那么实施空间就仅仅是每个文本所享用的空间（公共的或者私有的）。

鉴于对象依附于实施空间中理解条件的现象学，它只能继续为接收者提供"自我形象"，即可感觉的表象。从另一个角度而言，对象中的文本性只是它生产形象的有条件的自由，它在建立一种显现的相关性和一种可感觉调节的弹性。如果文本的每一种表现形式看上去都必须有一个对象维度，那么还需要强调文本可以有一个生成的目标，例如一个乐谱或一个电影剧本。生成文本（texte génératif）（例如乐谱、情景、模型）最终产生了一个对象，但其代价是不再具有对象本身的性质。事实上，只有暂且不考虑感觉部分和物质载体，标记的符号才是生效的。

根据古德曼（Nelson Goodman）所使用的术语来说，在标记（notation）和施行（exécution）、建筑图纸和建筑、剧本和电影之间存在着一种字位变体关系（relation allographique）。但是，这种字位变体的同源是通过施行而产生的同一性中断吗？还是体现了文化传承的一种最典型的形式？作品是否为了在时间中长存，必须将自己托付给一个可替代的他者？或者说，同一性是可以有效地转换或转移它的基点吗？

将作品的生命寄托于生成文本，比如标记，似乎表现出对标记性书写的依赖，以保护身份同一性和文化记忆。然而，这种寄托也揭示了对象本身对于增加存在条件的愿望，也就是想拥有系谱式的表现形式。因此，文本的罗列聚积只是对象的一种"冬眠"，必须通过"施行"才能使其恢复生命活力，因为相关的可感觉价值只有通过"施行"才能获得。这便激发了我们对作品的符号学概念化更广泛的思考：事实上，作品可以作为一个文本，它与具有身份印记的对象的公共实施模态的连续性相协调，试图保证不按照自由运用而遵循解释方法进行协调。这意味着，通过预先在文本的陈述活动空间和伴随文本的实施空间之间构建的链接，作品确保了其身份的公共传递，直到与文化环境相联，也就是符号域与不确定因素的相联。

因此，根据偶然运用（电影院、剧院、建筑场地、音乐厅等）的适当限制，施行只是针对对象的实施仪式。但应该注意的是，即使是复刻的文本，作为文化对象也关注其实施。

一方面，为了反映话语空间，即"陈述"，语言操作是有效的。其中这个话语空间很可能再次生产出异质价值，但是异质也可能变得同质化和最终可管理的。这是在建立一个具有外在形象或者塑性的文本世界。另一方面，对于对象的实施场景，其异质价值的广泛渗透性引起了陈述活动，以构建包罗万象的组织形式（也就是"mouvement ab texto"，即文本向实施空间运动），或者为了分层利用高级言语活动游戏（也就是"mouvement ad textum"，即实施空间向文本运动）。（见图2）

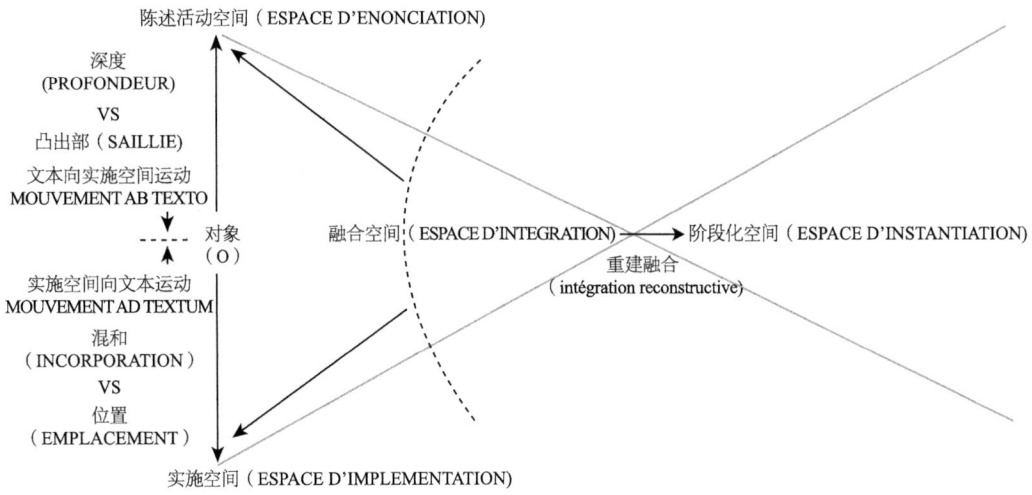

图2　解释的空间（Les espaces de l'interprétation）

简而言之，每个文本只能由一个对象来体现，此对象会成为话语组织的空间性（spatialité）和经验空间性之间的链接条件。如果文本与实施空间之间的运动是在寻求它们之间的相互关联性，那么实践场景就会面向对象的"解释"，关注于生产记忆。也就是说，一个阶段化空间（espace de l'instanciation）不再在行为中把握，而是成为语义化的一个理想参数。相反，如果"陈述活动"和"实施"，它们的自主运动是强烈分离的，那么就会出现对象的运用，这就远远超出了它本身所标记的，而是根据其文化地位有了重新定义。

最终，一个文本的边界被一种融合张力所定义，这种张力调节着陈述活动嵌套（emboitement）和实施机制之间的关系，直到有结合的可能性，例如通过视觉陷阱（trompe l'œil）来实现。在这一点上，实施仅仅是陈述活动协调的可能结果，它可以按照幻象策略［即存在绝对的结合，如巴洛克教堂的"错视绘法"（quadratura）］，或散在性策略（比如在博物馆中表现文本的立体感，甚至是综合材料绘画；更普遍来说，对于从文本到实施空间运动的作品来说，会走向一个理想化和仪式化的实施空间）。

因此，我们可以得出一些初步的结论。

（1）根据等级化的言语活动游戏，融合的集中优先向实施发展，可以实现对象的行为者角色机制化。

（2）集中于陈述活动，可以激活一个客观的、怀疑的（甚至是游戏性的）解释机制，这便享受到自由游戏的乐趣。

(3) 集中于阶段化（instanciation），可以将主动性留给了标示能力（aptitude indiciaire），这只能引起对言语活动游戏和其生产选择的追溯。

总而言之，对象这一身份的稳定只有通过陈述活动空间、实施空间和阶段化空间的相交相融才得以实现。

2.3 实施空间

实施空间只是一种配置，总是由其他陈述活动来保障：首先，可以明晰它的地位，此时与阶段化和施行的过程有关；其次，它可以明晰范围，也就是在物质载体和形式载体的辩证关系中的范围；最后，它可以与环境相联。实施空间筛选并伴随着特殊文化身份的确定。因此，实施空间是一个系统性组织，它为作品的表现和意向的可读性构建了鉴赏背景。然而，如果没有从实施空间到陈述活动空间的融合运动，或者从陈述活动空间到实施空间的运动，实践的重建仍然是一纸空文。此外，实施和陈述活动之间的接合是文化对象自立和文本边界确认的唯一保证。简而言之，文化对象的经验条件似乎是建立其话语存在的基础。

另外，"使用"（usage）是一种"修修补补"的形式，它将文化身份归结为存在多种可能性的景观。当然，创造的可能性会历经身份记忆的局部缺失，也会经历符号系统内部到环境的可能性投射。文化环境推动我们超越稳定化的陈述活动配置，它迫使我们通过观察短缺的甚至是借用的部分，重置意义的实践，这是因为我们遗漏了没有考虑到的明显区别。空（vide）的陈述活动①是无所不能的，但同时也是令人眩晕的，因为无限的无标记只会影响到创作主体本身的身份。

因此身份间需要建立一种联系，这将构建出意指基础性处理的传播机制。也就是说，意向性并不是单边意义和唯我意义的一种授权，而是一种角色间的辩证关系，它根据生命形式将情境和角色要求赋予那些角色兼容并使其紧密结合。简而言之，陈述活动空间、实施空间和阶段化空间的链接证明了：解释应该始终在关系中（指具有相关性的空间）的一致性和主体行为间的问题化之间寻求一种"意向性桥梁"。意向仍然是一个必要的可理解性原则，因为社会行为不能被简化为某种模式的选择和图示句法。每一个行为之所以是"社会性的"，是因为它显示了传播交际的一面，使不相称地战略或策略的价值选择成为问题。价值化选择过程总是嵌套的言语活动游戏，同样的话语部分对于游戏者来说都有可能有着不同的所指（signifié）。

总而言之，我们可以区分关于解释理论的四个相关空间。

(1) 陈述空间（l'espace énoncé），也就是由陈述活动反映的话语成果。

(2) 陈述活动空间（l'espace énonciatif），作为陈述活动集中空间，根据自反的自立

---

① 无疑是胡塞尔式的主题，空的陈述活动也是近期研究的主体内容。（BASSO FOSSALI，2015）

性，话语层（元话语——métadiscour）进行局部性协调（也就是表外语言活动——activité épilinguistique①）。

（3）实施空间，作为延伸空间（espace extensif），通过探寻相关限制和相关整体框架，产生符号学实践（陈述活动场景）。如果实施实现了对象这一行为者角色化的稳定，那么它为了保证符号运行，实施也是在试图概括文化身份的陈述活动间协调的最后一个保护层。

（4）环境（environnement），此空间包含了陈述活动场景化最高程度上的嵌套。

2.4 环境和解释张力

环境并不是一个远隔的空间，因为它通过戏剧性事件与构建的符号学空间互相渗透。这些事件只是价值凝聚的一些变化组合，并未与预构的价值素顺序对应。诚然，事件最终可以通过言语活动游戏阵地被感知，但事件发生于游戏场地却并不取决于它。如果人们试图利用偶然，以便继续在涉事主体之间重新分配价值（游戏肯定没有已经确定的结果的），那么偶然的动态化价值素仍然是不可预测的（比如会出现不利或者有利的情况）。实施的限度是在与环境不可避免的对抗中控制突发事件的最终可能性。这就是为什么规范化的实施试图用过多的解释性限制来调整陈述活动。然而，"保护伞"笼罩下的陈述活动的循环操作最终使进入陈述活动空间的过程戏剧化，甚至仪式化。

此外，陈述活动限制了事件产生的影响。事实上，陈述活动（1）通过调整的实践空间（实施空间总是属于社会领域），力图过滤凝聚的价值；以及（2）力图将事件转化为各种陈述活动的变化。于是，很明显可以观察到：陈述活动与感知（perception）相对立，尽管陈述活动是有选择性的，但陈述活动也在试图超越符号学实践的限制（比如超越交际的场景化限制、写作的形式载体的限制等），并在调查和同质化能力的作用下，探寻"非相关"（impertinent）特性。从这个角度来看，感知仍然是文明化过程的原始动力，这是一个从已经建立的标准化关系中解放出来的怀疑和警觉的过程（例如，感知总是产生未完成的、容易被比较的、甚至是修改的形象）。

关于这点，艺术作品可以作为一个特殊对象，因为它三个不同的特性方面都置于张力状态中。

第一个"张力状态"涉及语言同一性。事实上，在感觉体会中，感知似乎能够发掘超越语言辨认的相关性。语言能指作为文化对象的解释者发挥作用，而其本身的载体也会因其物质属性被重新评价。陈述活动以感知为给养维持着，最后它也只能使可能性意义的饱和度发挥作用。

第二个问题涉及社会同一性。因为作品试图否认其他社会领域所强加的限制，也就

---

① 表外语言活动涉及语言处理的直觉认识和功能控制，支配着主体和言语活动主体的关系，其变化源于无意识的主体化现象。——译者注

是那些强调文化生活的约定俗成和规范化的社会领域。通过将意指的一般组织置于评判中，反抗便存在着混乱和无根基风险，而且在这过程中也并没有成功地施加一个"合适的"意图（反抗只能以外在形象方式发挥作用），这使观众或者读者处于自由决定意指的状态。然而，完全的自由意味着一个主体处于被阻挡和困惑的状态。

第三，阶段化也处于紧张状态。因为阶段化与事件的生产经历相联系，其结果无法预期，也无法复制。因此，艺术对象似乎模糊了它的生产界限，这也使得它的个人或集体起源更加不确定了。

简而言之，根据任何稳定、单一可共享的语义定义所存在的矛盾和清算指向，艺术作品的三种张力状态使语言、社会和作品诞生的同一性成为问题。这就是为什么这三种张力状态必须进入一个弹性系统，因为张力状态下每次都会存在某种主导力量，但又从未摆脱于其他竞争性吸引力。

在三个相关空间中的艺术作品，其复杂化的存在是大有裨益的，但需要承认作品的夸张宏图并寻求一种协调和平衡。

（1）物质性融合被认为是对能够意义配置链接无限增多的抗衡。因为它借助实施空间，而这个空间每次都确定对象位置和赋予特定语言。

（2）另外，交际传播的融合被认为是与文化环境分裂的抗衡。这种融合被艺术作品的"去背景化"（décontextualisation）意图所激活，也通过陈述活动空间得以实现。其中陈述活动空间与话语组织、内部的嵌套参照一起，面向经验世界的模型化意图。

（3）最后，再构建性融合试图恢复具有历史深度的作品。因为通过整体（规范化层面）和局部（陈述活动层面），正在进行中的"实施"和"陈述活动"将重新判定"阶段化"的距离和模糊性。简而言之，标示性重构只能找到一个可渗透的意向性界限，即使它们是非必要的相互关联。

需要明确的是，这三个方面只是对艾柯所提出的三种意向性的重新解读：物质性融合代表了作品意图（intentio operis），交际传播的融合提供了读者意图（intentio lectoris）的框架，而再构性融合构成了作者意图（intentio auctoris）的问题化。然而，这种重读被赋予了更强大的启发式潜力，因为它从传统的符号学"禁忌"（作品传承框架的丧失，意向性的非相关性，主观感知经验的不可用性等）中解放出来。

当然，这些不同术语名称的使用，最好能够在意大利符号学家的类似但模糊的定义中被消除，比如使用历史性意图（intention historique）、陈述活动意图（intention énonciative）和实施性意图（intention implémentative）。然而，最重要的是在这样的一个意图网络中，作品意图（或者是陈述活动意图）相较于其他意图并不具有优势。最后，我们还可以认识到，在这些融合中，象征性（实施层面）、象似性（陈述活动层面）和标示性（阶段化层面）方面的融合，这是皮尔斯一直肯定的"融合"。

因此，可以重新得出关于"分析"（analyse）和"解释"（interprétation）之间的区别：分析只是将调查研究与陈述活动、实施和阶段化分开，这意味着运用不同的方法论和进行跨学科研究①；而解释，通过观察作品的可能性变形（anamorphose），可以对融合进行三维观察，这样解释就会被确定为"文献"（document）（由阶段化主导）、"话语"（discours）（由陈述活动主导）、"体制对象"（objet institutionnel）（由实施主导）。变形张力与这三个轴心的协调从未将解释从其混合的特性中移除。这混合的特性迫使通过实施的整体框架观察陈述活动的局部组织，也迫使通过考古学角度从现在的陈述活动痕迹对生产的过去进行主题化研究，还迫使通过一个过去的文化对象的传播来把握建立实施空间的话语形式。因此，张力程度只会自然而然地成倍增加。

3 挑战自生意义（sens autochtone）

3.1 自为（autotélie）是内在性的错误辩证

媒介载体（support）所存在的问题和实施空间所扮演的角色，作为寻求身份稳定性的符号化边界，以一种间接的方式向我们展示了语言上和感知上的意义理解融合。此外，只有与环境相连才能体会到话语构建的运用性力量。从这种意义上来看，陈述活动针对交互（interaction）存在的偶然性启用协调模式，只是描述了场景的语用性方面。同时也有必要考虑到意外关系的突发，也就是与环境相联的意外事件，因为不可预见的异己背景会增加陈述活动路径。另外，文本性不能提炼出文化身份，因为文化身份必须作为一种生命形式被表达，并可能作为一种经验对象表现出来。

在一种符号相关化（pertinentisation）的丰富物质表达中，符号学存在的每个平面只会不断转化。这很有趣（例如"哈哈墙"），因为利用了不同内在性间的桥梁式连接。此外，每一个内在性都只是符号学再生产，与周围环境进行原始接合的符号学再生产。从这个意义来看（具体以"哈哈墙"为例），实施空间便是相对于花园而言的景观。它属于最大限度的敏感化，既有对意指的异质性敏感，也存在对意义专属域存在的环境争议的敏感。

所谓的"自为"阻碍了对景观的认识，也阻碍了与文化环境接合的认识。此外，对花园尽头的探索被 种表面的同质化所掩盖。由此，经验所构建的视野是"世界"的隐喻性表达（即"花园"就是"世界"），而花园的社会性存在所描绘的边界是"世界"的换喻，即世界就是花园，花园就是聚焦了世界的外观（属于一种对整体的采样）。于是，这两个同质化的内在性最终能显现出双向异质性。事实上，面对比喻和暂

---

① 从上述理论框架中可以看出，开放的解释过程试图通过预分析来实现"规范化"。分析只有在确定周围运行空间（内在性）时才可以开始进行，因为第三方观察的条件已经明确（明确的方法论），批判性甚至是伦理性（道义论——déontologie）也得到了保证。分析只是一种鉴别性欣赏，它暂时阻断了文化传播，以便对所传播的物品的符号学性质进行局部鉴赏，它保证了对所期望的意义的确定。但同时也注定了分析没有重复，没有延续。分析没有显示出与传承形式的任何接合，它虽然专注于生命形式的研究，但这也只能通过事后的考古研究。

时性怀疑，花园变得梦幻，最终在"啊哈经验"的不连续性中找到了一个必须被重新语义化的话语形象和一个必须被"再次领土化"的局部经验。这种分裂性脱离是突然的，因为在理解哈哈墙式花园时，实践（pratique）必须对话语的图示化和经验的图示化进行三方面衡量，以便找到新概念化过程中未察觉的一面。对于自我指涉的话语的元语言活动层，我们必须与外形（configuration）冲击相对照［有关这方面恩斯特·卡西尔（Ernst Cassirer）谈到了创作冲动（Gestantungdrang）］，这外形必须对异质性的显现做出反应。

这并不意味着我们在试图恢复经验无法表达的特征。符号学可以把握话语与经验、同质化与异质化、内在性与超验（transcendance）之间的路径联系。因为只需要考虑系统组织可以是符号化的内在性的终端，也可以是内在性的开端。从共时性（synchronie）角度来看，语法可以被看作是符号学实体间（领域、话语类型、体裁、文本、符号）的集中化形式，发挥各种关系之间的系统性媒介作用。然而，在实践的动态化中，语法也成为聚集的多元化组织原则，以重构和呈现多面性身份，这种多面性可以应对在生命形式创造（formes de vie formatrices）中出现的复杂环境。

可以在其他层面中追溯到透视法的转化。在陈述活动的语用框架中，聚集的实践素（praxème）利用准则和惯用的组织来创建一个作用环境。但是，也应该注意到，形象性（figurativité）是主观和客观阶段的一种内部环境，而主客观阶段将使身份复杂化，并远远超出行为中的行为者角色。或者我们可以强调，纵聚合（paradigmatique）组织并没有在关于陈述（énoncé）层面的操作和表达的选择中实现其符号学功能，但是纵聚合仍然也呈现一个共鸣的环境。符号学并不被工具式的理性所主导，因为它被置于一个复杂的环境中，这便有利于相关性的关系呈现多样化增加，身份的构建也因此呈现多样化。简而言之，符号学媒介并不仅仅是为实践建立可操作性框架的资源方法。

花园的"哈哈墙"是边界（外形的同质化）透明度的构建。同时，一旦"惊喜"实现并完成，"凝视沉思"或者"浮想联翩"这些实践就会幻灭。因此，"哈哈"重新概念化定义了花园和景观之间的辩证关系。此外，任何概念化都是一个桥梁系统，它必须将多种异质的、甚至是矛盾的图示化结合起来。事实上，鉴于概念化是异质符号组织形式呈现的一种经验，它可以把内在性只当作一种调节，而不是作为生成结构的中心。［这是吉尔·德勒兹（Deleuze）和伽塔利（Guattari）在《什么是哲学？》（Qu'est-ce que la philosophie？）中的观点］

由此可以发现，内在性原则和元言语活动（métalangage）之间的紧密联系。元言语活动是言语活动游戏理论的统一阵地，但事实上理论上的概念化总是需要一个更广泛的作用环境和外部活动，最终概念性桥梁的探索只能伴随着内部的矛盾、悖论和困难。①

---

① 参照勒内·托姆（René Thom）的理论观点。

3.2 内在性体系

为了明晰内在性与表现形式（manifestation），抑或内在性与超验之间的关系，有必要事先明确"内在性"概念。"内在性"包含的内容至少有三种。

（1）外形的内在性（immanence de configuration）。它符合一个基本原则，该原则规定不存在原始和基本单位［既没有感质（qualia），也没有义素（sèmes）］，但是具有独立于外形的价值，而这恰恰可以将这些单位置于差异性关系网中。关于这一点，剧本化（scénarisation）只是实践层面上的外形原则的运用。感知和话语构建可以在既定外形的内在性中被把握，这也是内部运行的基础。

（2）媒介的内在性（immanence de médiation）。符号学组织对外形活动进行筛选过滤，并提供组织性的和分节式连接模式，以在解决异质性显现的过程中发挥最有效的、可共享的吸引作用。

（3）接合的内在性（immanence de couplage）。它主张在与符号学环境的关系中运行系统化结构（语法化媒介或者身份形式），与符号学环境的关系也就是与符号域的关系。在符号域中，话语（或存在性的）价值和经验价值之间存在着持续转换。

因此，有必要仔细区分内在性的前两个方法论形式，并将第三个作为实践符号学的认识论聚合体（paradigme épistémologique）。既然理论本身属于一种实践，那么内部的内在性与环境系统的接合实际上就可以作为一种认识论聚合体。

3.3 形式的渗透性

从环境的角度来看，每一种组织形式都没有兴趣将自己强加到其他组织中。陈述活动（énonciation）的组织形式只是进入陈述（énoncé）形式的一个过滤系统。但是一般来说，陈述的变格（déclinaison）只是为了修饰陈述活动风格。陈述和陈述活动的组织形式之间的关系是有层次地流动的，但似乎都表现出这样一个事实：这些形式都只是重新启动意义路径的局部组织。形式是解释的一个通道，也就是说，形式的功能是指向自身之外的索引（index）。根据这一观点，外符号学（épisémiotique）① 只是"控制空间"和"信任间隔"，于此语言学形式被陈述发送者和解释者置于张力之中，以达到概括化、去语境化、外在形象投影的目的，也就是为了实现"超验"。因此，外符号学将两种动力结合在一起：一种是将内在性转化为表现形式，这是作为"来源"（source）的媒介动力；另一种是在于内在性和超验之间的辩证关系，语言学分类被认定为陈述活动进行中的"目标"（cible）。

---

① 根据丰塔尼耶（Jacques Fontanille）的观点，"外符号学"这一概念来源于法国语言学家安托万·库利欧里（Antoine Culioli）的"外语言学"（épilinguistique）概念。"外符号学"是无意识的、自发的、融入当下实践的元符号学活动（méta-sémiotique），并对实践的发展实行某种控制。（Fontanille，2019）——译者注

符号学的矛盾之处在于，语言学形式的内在性研究实际上揭示了形式间的渗透性和形式与整个自生意指的对比。为了获取意义，我们不能局限于对一种组织形式的探索。在人文科学整个自然化行程的关键性角色中，符号学坚持"不存在无媒介的意指"这一论断，也就是说不存在完全自生的、产生于神经生理学过程的意义。从这个角度来看，格式塔法则（lois de la Gestalt）不是独立于来自外部因素的评判，这些外部元素发挥"感知机器"的功能（例如，为了立即剖析环境中所发挥的主动性，感知决定所具有的渗透张力或者生态性功能）。

意义不是"模块化"（modulaire）的，因此它不是在完全独立和不同的功能环境中被阐释的。与多样化价值领域的接合可以获取始终超越最初参照环境的意义。实践几乎不得不将意义的构成进行三方面的问题衡量，也就是协调内外感受的参照空间、感知和主动性、自我归属和归入的问题。

符号学的反简化意图是反对"自生意义"的（sens autochtone），同时也在重新解读热奈特（Gérard Genette）提出的真迹复制艺术和变体艺术的古德曼式区分之后，我们认识到文化身份的内在性和超验之间的辩证关系。但这种区别已经被胡塞尔（1929）主题化了，因为他表达了身份分类是如何与感觉投入紧密相连的。

3.4　文化生命形式的超验

这个问题从以下两个不同方面展开。

第一，文化身份不再与物质的内在性（比如一个画布或者一个雕塑的多个模型）联系。事实上，内在性对象可以是"理想的"，也就是通过《圣经》式规约实现的标记，并作为施行生产的基础，其中施行都是与起点的生成文本相一致。关于这点，古德曼也提出"施行的契合性分类"（classe de concordance d'exécutions）概念。

第二，言语活动游戏在同一个内在身份的变格中所发挥的自由性（和谐的感觉表现）是如何最终演变为明显的超验管理的。事实上，内在性的理想性被多个对象所共享，可以通过文化生命形式的确认来超越。这种文化生命形式可以通过共时性中的变体，还有历时性中的物质的内在性变化（比如特定属性的改变、作品的部分保存）被表达。但是，内在性的理想性被多个对象所共享，也会因为与其他身份的多种接合而被剥夺个体化的力量。比如，只要改变创作源的所属，或者改变历史性互文的参照，就可以将同一内在性视为不同身份的构成。

如果"内在性"相对于展现不同身份来说，是一种可能性身份的简化（期间内在性可以将潜在的同一文化体的不同经验进行个体化操作），那么"超验"则允许在表现形式间承认一种身份的永久性和不连续性，这些表现形式不属于同一生成基点但属于一个遗传聚合体（这就涉及对象传播的历史条件、创作谱系等）。如果"真迹复制"（autographie）和"变体"（allographie）规范了内在性，如果它们属于文化对象的经验层面，那么通过明确进入相关的感觉价值的条件，"超验"就为作品的存在增加了辩证性基础。

这些观点也许会使我们改变关于文化身份的传统观念。那时候我们会认为，文化身份只能通过可能性再生产和"超验"之间的中和作用而具有唯一内在的表现形式。然而始终隐藏于这种中和操作下的却是一种接合关系，这种接合关系揭示了任何内在性都不可能是孤立的。为了总结性地阐释"接合的内在性"，我们可以借助唯一一件艺术作品的保真度来说明。即使可能存在具体的或者理论上的，完全无法分辨的替代性表现形式，但是原始样本的唯一合法性取决于在作品创作历史中与作者的接合。同样，接受不完全状态下的作品的可能性，也会取决于和作品观察者的持续性接合。面对多个对象的一个雕塑作品，其相关样本的确定，或者同一首诗歌的多种合理性变化，只有在与艺术家的意向性和他的运用性行为相接合的情况下才可以接受。

关于艺术作品的"自为主义"（autotélisme）可以永远稳定经验的状态，这种论断是一种审美幻想，而这个幻想有时又会成为文化对象的样本模型。相反，物质的内在性，其本身的防御不允许再生产或者再融合，而是取决于一系列的接合和中和操作。

旧的文本解码必须在一系列的转换过程中被文化对象的决定性的偶然所取代，这些转换使身份指令在所有可管理情况下变得相同。我们不需要从文化身份认同的概念中解脱，只需要解构其传统的概念，而这传统概念首先与它的内在性分离有关。符号学媒介允许多种身份的确定和内在性平面的多样化，这些都使身份指令趋向同一个目标，指向超验的相关事物。因此，我们可以得出结论：根据经验条件和存在条件之间总是存在不平等的异质性，前者一定是不同于后者的。此外，保罗·利科（Paul Ricoeur）的"叙述同一性"（identité narrative）概念可以被重新解读为一种观察，这种观察没有任何明显的内在性，在这种情况下同一性状态与其说是一个起点不如说是一个分布在不同协调平面的渐近性设想。通过接合形式实现的内在性总是与一种意义的异质性投入相交，而这种意义投入的个性化又是通过不同形式的接合实现的，也就是从与对象的抗衡开始。这对象是接合的接口处而过滤的对象，也有可能是借助假体的形式无障碍式呈现的对象。

如果感知符号学（sémiotique de la perception）[1]将语言学与现象学的问题不断结合起来，那么在这里探讨的便是文本领域。因为文本领域表面上更遵循传统的内在主义方法论，而另一方面又显示出意义理解与相关阈值的经验相联的必要性，这就为超验和文化对象的生命形式开启了解释的关键性空间。尽管话语组织有相对的自立性，但和被感知的环境却密不可分，这就解释了言语活动不存在任何的中立性，意指经验历经了关系转换和价值转移。此外，与周边环境的符号学接合体现出一种优越性，因为它既避免了陷入旧唯心主义，也避免了陷入过于前沿的自然化，这好像是从胡塞尔现象学传统中得

---

[1] Cf. FONTANILLE 2004, BASSO FOSSALI 2009, BORDRON 2011.

到的最均衡和最真实的劝诫。

参考文献

[1] BASSO, P. Sul percetto tracciato e sulle tracce di una coimplicazione. Estetica e semiotica dell'esperienza [J]. *Rivista di estetica*, n. s. 21, 3/2002, 2002, pp. 3 – 23.

[2] BASSO, P. *La tenuta del senso. Per una semiotica della percezione* [M]. Roma: Aracne. 2009.

[3] BASSO, P. Possibilisation, disproportion, interpénétration: trois perspectives pour enquêter sur la productivité de la notion de forme de vie en sémiotique [J]. *Nouveaux Actes Sémiotiques*, n. 115. 2012.

[4] BASSO, P. *Il trittico 1976 di Francis Bacon. Con «Note sulla semiotica della pittura»* [M]. Pisa: ETS. 2013.

[5] BASSO, P. *Les espaces de l'énonciation sous la sollicitation de leurs vides: le discours comme optimisation de l'expérience* [M]. Dans COLAS-BLAISE, M., PERRIN, L. &. TOREG (eds.), L'énonciation, Nancy: Éditions Universitaire de Lorraine. 2015.

[6] BORDRON, J. -F. *Image et vérité. Essai sur la dimension iconique de la connaissance* [M]. Liège: PULG, collection Sigilla. 2013.

[7] BÜHLER, K. *Über das Sprachverständnis, vom Standpoint de Normalpsychologie aus* [M]. In *Beruicht über den 3. Kongress für experimentelle Psychologie in Frankfurt* 1908. Leipzig: J. A. Barth. 1909.

[8] BÜHLER, K. *Sprachtheorie. Die Darstellungsfunktion der Sprache* [M]. Iéna: G. Fischer, 1934. tr. fr. 2009, *Théorie du langage: la fontion représentationnelle*. Marseille: Agone.

[9] DELEUZE, G. & GUATTARI, F. *Qu'est-ce que la philosophie* [M]. Paris: Minuit. 1990.

[10] ECO, U. *Lector in fabula* [M]. Milano: Bompiani. 1979.

[11] FONTANILLE, J. *Soma et séma. Figures du corps* [M]. Paris: Maisonneuve & Larose. 2004.

[12] FONTANILLE, J. *Pratiques sémiotiques* [M]. Paris: PUF. 2008.

[13] FONTANILLE, J. Paesaggio, esperienza ed esistenza [J]. *Semiotiche*, n. 1, Ananke, Torino. 2003.

[14] FONTANILLE, J. & ZILBERBERGC. *Tension et signification* [M]. Liège: Mardaga. 1998.

[15] GENETTE, G. *L'œuvre de l'art. Immanence et transcendance* [M]. Paris: Seuil. 1994.

[16] GOODMAN, N. *Of Mind and Other Matters* [M]. Cambridge (Mass.): Harvard University Press. 1984. Tr. fr. part. in GOODMAN N. 1996. *L'Art en théorie et en action*. Paris:

Editions de l'Éclat, 1996.

[17] GREIMAS, A. J. & COURTÉS, J. *Sémiotique. Dictionnaire raisonné de la théorie du langage* [M]. Paris: Hachette. 1979.

[18] MARTHELOT, P. *Karl Bühler. Du contexte à la situation, la signification* [M]. Paris: Armand Colin/Recherches. 2012.

[19] HABERMAS, J. *Moralbewusstsein und kommunikatives Handeln* [M]. Frankfurt am Main: Suhrkamp Verlag. 1983.

[20] HUSSERL, E. *Formale und transzendentale Logik* [M]. In Husserliana, XVII. Nijhoof: Den Haag, 1974.

[21] MINKOWSKI, E. *Le Temps vécu. Étude phénoménologique et psychopathologique* [M]. Lausanne: Delachaux. 1933.

[22] PEIRCE, C. S. *Collected Papers* [M]. Cambridge (Mass.): Harvard University Press, 1931–58.

[23] RASTIER, F. *La mesure et le grain. Pour une sémantique du corpus* [M]. Paris: Champion. 2011.

[24] SAPIR, E. *The Grammarian and his Language* [M]. American Mercury, I. Trad. fr. *Le grammerien et sa langue*, in SAPIR E., *Linguistique*, Paris: Minuit. 1924.

[25] WALPOLE, H. *Essay upon modern gardening* [M]. Canton, Pa: Kirgate Press. 1771 [1904].

[26] ZILBERBERG, C. Le jardin comme forme de vie [J]. *Tropelias*, 1996, nn. 7–8.

作者简介

皮耶路易吉·巴索·福萨利（Pierluigi BASSO FOSSALI），法国里昂第二大学教授，法国符号学学会会长。主要研究方向为普通符号学、文化符号学、视觉符号学（电影、摄影、绘画）、陈述活动理论研究、身体符号学和感知理论研究、激情符号学、交互实践符号学、解释语义学、语用学等。

译者简介

张彦梅，女，法国里昂第二大学在读博士生，天津外国语大学语言符号应用传播研究中心特邀研究员。主要研究方向为文化符号学、激情符号学、交互实践符号学。

论文选登

构式的语言符号观[①]

于 鑫

摘 要：本文讨论了"构式"与"符号"这两个概念之间的关系。构式与符号都是形式与意义的配对，它们具有相同的本质。构式可看作固化的符号或符号串。连续符号串、非连续符号串和上位符号串都可以在符号运动中发生固化，从而产生不同的构式。构式思想是对传统语言符号观的补充，它扩展了语言符号的范围和构成要素，增强了语言符号论的解释能力。构式理论还能更好地解释语言符号的任意性与理据性之间的关系。

关键词：符号　符号化　构式　认知

1 引言

构式语法认为，构式是并非完全"透明"的形式和意义的配对。构式存在于语言的各个层面，除了包括习语和句型之外，还包括词素和词（单纯词和合成词）。构式是语言知识的存储单位，语言就是由词素到句型的各种构式组成的，而语言习得实际上就是对各种构式的习得。

构式到底是怎么产生的呢？刘大为（2010a，2010b）、陆俭明（2016a，2016b）等学者专门讨论了这个问题。他们认为语言在发展中会形成大量的变异性的"修辞构式"（比如"很 N""被 X""有一种 X 叫 Y""厉害了我的 X"……）。这些"修辞构式"都是临时性的，其中许多可能只是昙花一现。而有的"修辞构式"则在广泛运用的基础上逐渐发生固化，演变为新的语法构式，并产生了较为固定的构式义。至于促使构式固化的因素，陆俭明（2016b：5）认为："首先当然是看能否被广泛使用，是否被泛化；而能否被广泛使用、被泛化则取决于这种'修辞构式'是否符合经济原则，是否具有特殊的表达作用。"

从已有的语法构式演变出修辞构式，再形成新的语法构式这一发展过程中，"固化"发挥着重要的作用。可以说，今天的语法构式就是昨天的修辞构式的固化。那么，这种"固化"究竟是如何发生的呢？"固化"的机制是什么呢？本文拟从符号学的角度，用符号的多级性解释固化的过程，揭示构式产生的机制，进而探讨构式思想对语言符号论的贡献。

[①] 本文发表于《外国语言文学》2021 年第 3 期。

2 构式的符号本质

2.1 构式与符号

显而易见,"构式"和"符号"的概念非常相似。构式是形式和意义的配对,而符号也有形式和意义两个方面。符号学创始人之一索绪尔把符号看作是能指和所指的统一,另一位创始人皮尔斯(Peirce, 2014: 31)把符号看作是媒介、对象和解释项的三位一体,媒介相当于"能指",对象(符号所代替的事物)和解释项(符号所引发的思想)相当于"所指"。我国学者赵毅衡(2012: 1)把符号定义为:"符号是被认为携带意义的感知",并认为,"这个定义说的是符号与意义的锁合关系"。可见,符号也是为社会承认的较为固定的形式和意义的结合。

构式有整体义,从构式的组成成分不能完全预测整个构式的意义。这与符号的本质特征——能指与所指之间联系的任意性——也很相似。在索绪尔看来,任意性是符号的第一基本原则,虽然有的符号(比如组合性的符号)是有一定理据的,但符号在根本上依然是任意的。

但是,构式的范围比通常意义上的语言符号的范围更广,它有时可能没有具体的形式体现,只是一个意义不具体的图式(比如双及物构式、动趋构式等)。Goldberg(2006: 5)等人所持的宽泛构式观认为,构式包括实例性构式和图式性构式。词素、词、固定的习语属于实例性构式,而部分待填充的(即半固定的)习语和句型属于图式构式。从符号学的视角来看,实例性构式有明确的形式和意义,等同于通常所说的语言符号或符号串。而图式性构式只是语言符号的连接模式,其形式和意义都没有具体化,那么它们还是语言符号吗?传统的符号观对此是否定的。而我们认为,实例性构式和图式性构式都是相对独立地储存于语言使用者大脑之中的意象,都具有符号的本质特征。构式就是符号串整体上再次符号化的产物。

2.2 符号化

所谓"符号化",就是生成新的符号。语言是一个符号系统。这个符号系统中的初始符号是词素和单纯词,它们的数量不多,大多数符号都是派生性的。语言这个符号系统不断进行符号化的过程,以满足交际的需求。

我们认为,符号化有三种体现:物的符号化、符号的生长、符号串的固化。下面我们阐释一下这三种符号化过程。

2.2.1 物的符号化

所谓物的符号化,就是初始符号的生产。物只有获得自身之外的意义,才能成为符号。比如,天上的一轮明月在天文学家眼中只是物,并不代表其自身之外的东西;而在诗人的眼中它成为一个代表故乡的符号。在语言符号系统中,物的符号化就体现为新词的产生。比如，古代并没有"clone"（克隆）一词，而在现代英语中被创造出来，成为一个音义结合的新的语言符号。原本不是符号的物可以符号化，已经是符号的物还可以再次符号化。比如，随着时代的发展，旗袍由清朝服饰符号演变为中国传统文化符号。物进行符号化之后需要固化，才能成为符号。也就是说，符号被人创造出来，还要被人使用、认知和解释，获得社会的承认。

2.2.2 符号的生长

法国符号学家 Barthes（2008：68—71）认为，符号是能够进行自我生长的。如果用 E 代表符号的能指，用 C 代表所指，用 R 代表意指关系，我们就可以得到一个符号 ERC。这个符号是一级符号，它能整体作为能指与一个新的所指 C_2 产生新的意指关系 R_2，这样就产生了一个二级符号（ERC）R_2C_2。

一级符号是直接意指，二级符号是引申性意指。比如，"mouse"一词作为"老鼠"存在于第一意指平面，而作为"鼠标"存在于第二意指平面。"月亮"作为一个表示星球的词语存在于第一意指平面，而作为家乡的象征则存在于第二意指平面。词的引申义、隐喻义都属于二级符号。符号可以在意指过程中无限引申下去，又会产生三级符号、四级符号等。

2.2.3 符号串的固化

符号在使用中通常按照一定规则组合成符号串。符号串并不一定都是可解释的，具有解释潜力的符号串可称为符号文本。

符号串作为一个整体，也能再次进入意指平面，从而形成一个新的符号。这就是符号串的固化。这里的"固化"指的是形义之间联系的固定化，其结果是生成被社会普遍承认的新的符号。为什么会发生符号串的固化呢？我们认为，这是由语言的经济原则决定的。人脑处理一个符号串的认知努力要远远大于处理一个符号的认知努力。一个符号在大脑中就是一个知识节点，在交际时可能直接调用，不用进行计算、推理。经过固化的符号串就会被大脑记录为新的语言知识。人的大脑会倾向于把那些复现程度比较高的和推理起来比较吃力的符号串固化为一个新的符号。但是，为了避免过分占用大脑的存储空间，大多数符号串是不固化的。而固化后的符号串 AB 会产生一个新的解释项 C，这个 C 一定是不同于 A+B 的，否则将是无意义地白白占用存储空间。这就是为什么构式是"非透明"的了。

由此可见，构式可以是单一符号（如果采取宽泛构式观的话），也可能是单一符号生长和固化的结果，还可能是符号串固化的结果。总之，一个新构式的出现就意味着一个新符号的生成。

我们前面提到"被社会普遍承认"，这一点很重要。符号在本质上具有社会性。符号的固化虽然最初来源于个人或小群体，但只有在社会使用中反复出现，才能最终完成固化的过程，真正成为共有语言知识的一部分。短期被大量使用是构式形成的温床。我们相信，符号作为语言知识，在人脑中不是堆放在一起存储的，而是分类有序放置的。

因为我们知道哪些词语和表达方式用于哪些交际场合、针对什么样的人。我们一般在正式的场合不会去说那些网络流行构式，这说明我们知道这些构式的社会化程度还未达到正式场合使用。当然，在当今这个网络和自媒体时代，构式社会化的进程大大加快了。

3 连续符号串、非连续符号串和上位符号串的固化

发生固化的符号串可以是连续符号串、非连续符号串和上位符号串。

3.1 连续符号串的固化

在语言符号系统中，符号组合为线性的符号串。一些符号串会被固化为新的符号，这就是合成词和固定习语（包括成语、俗语、谚语等）。连续符号串的固化首先表现为合成词的生产。出于语言的经济原则，人们总是倾向于在旧有词语的基础上用组合的方法产生新词（比如 motherboard）。相对于其组成部分而言，合成词是一个新的符号，是一个被固化的符号串（即构式）。固定习语构式（比如"五光十色""闭门羹""一个巴掌拍不响"）有整体义，这种整体义在心理学上是一种完型，相当于词义。该意义从其组成部分上看不可完全预测。从这个意义上讲，短语和合成词并没有本质上的区别。一种语言中的短语，完全可能对应另一种语言中的合成词。比如，"motherboard"在英语中是合成词，而在俄语中是名词短语（материнская плата）。这也正是词法和句法没有严格界限的原因。

3.2 非连续符号串的固化

构式语法理论在很大程度上源于 Fillmore 的框架语义学。框架语义学认为，人是通过语义框架理解和使用词语的。"语义框架提供词语的意义在语言中存在以及在话语中使用的背景和动因。词语可以通过它所在的语言结构，选择和突出基本的语义框架的某些方面或某些实例。"（张焕香、高平，2011：92）因此，对一个符号串，人脑可能会选择非连续的部分进行固化，从而形成语义框架。被选择的这一部分符号，往往是许多类似符号串中的共现部分。比如，从实体符号串"爱吃不吃""爱看不看""爱玩不玩"中选择了共现部分"爱 V 不 V"；从"不玩白不玩""不看白不看""不吃白不吃"中选择了共现部分"不 V 白不 V"。① 这些构式的意义从其组成部分来看也不可完全预测。

总之，非连续符号串进行符号化，被人脑储存为语言知识，从而形成了半固定的习语和句型构式。我们把这样的符号称为框架性图式符号，它是实体符号的抽象产物，其能指具有非连续性，所指具有不确定性。

---

① 非连续符号串的固化与上位符号串的固化是交织在一起的。比如，这里从"玩""看""吃"中提取了上位概念"做（某事）"，这正体现了上位符号串的固化。

3.3 上位符号串的固化

还有一类构式是纯图式构式，它们不对应任何具体的词语。比如双及物构式 SVO$_1$O$_2$，其意义从形式上也不可完全预测。这类构式是对大量的具体符号串（"你给我一本书""小王送小张一串花""我们叫他老张"……）进行概括和抽象的结果。我们认为，它也是一个被固化的新的符号，只不过是上位符号串的固化。我们从具体的词语中提炼出上位概念"人""事物""传递"，进而组成一个上位符号串"某人传递某物给某人"。我们通过这样的方法对生活中"传递"这一常见事件进行感知体验和概念加工，并将其语法化成一个较为稳定的语法表达形式。

上位符号串的固化实际上就是范畴化。人们基于互动体验，对外界事物的属性进行概括和类属划分。通过范畴化赋予世界以一定的结构，使其从无序转向有序，这是人类认识世界的关键方式之一。人通过对场景的反复体验，在大脑中形成抽象的语义框架，这就是意象图式。以双及物构式为例，它不包含任何一个具体的词项，但它是从大量的具体句子实例中抽象出来的，提取同类词项的共同语义范畴。这一图式被人脑记录为语言知识，形成了一个形义结合的对子。语言使用者在进行言语交际的时候，能够调用人脑中这些范畴化的构式，生成正确的句子。比如，掌握了双及物构式的英语使用者会将其实例化为"Give me a book"；掌握这一构式的俄语使用者会将其实例化为"Дай мне книгу"（给我一本书）。这说明，英语和俄语的使用者大脑中都是存在这个构式的。这样的图式构式本质上也是符号，我们称其为范畴性图式符号。它具有高度的抽象性，体现了人类认知的概括能力和范畴化能力。

4 从符号任意性看构式义的不可预测性

Goldberg（1995：1）强调构式义具有不可预测性："构式本身具有意义，该意义独立于句子中的词语而存在。"也就是说，构式义是无法从构式的组成成分中得到完全预测的。比如，"let alone"对于没有掌握这个习语的人来说在语义上是"不透明"的。Goldberg 在后来的构式定义中对"不可预测性"的要求进行了弱化，修正为"不可严格预测"。我们联想到，索绪尔认为任意性是语言符号的首要规则。那么，从语言符号学角度，应该如何看待构式的形与义之间的关系呢？

语言使用者最重要的语言能力之一是大脑中储存了众多构式。构式是独立存在的，是语言形式与意义形成的对子。构式无疑是具有任意性的。因为，符号串如果是完全"透明"的（比如"a beautiful girl"），那它只能是一个语言使用过程中的产物，不会被人脑记录为单独存储的语言知识（由于语言的经济原则），因此也就不会成为一个构式。但是，在语言系统的不同层面上，任意性的体现并不相同。

实例性构式是实体符号，在它们的能指与所指之间任意性占主导地位，形义之间的结合是在语言使用的社会规约基础上产生的。当然，实例性构式中任意性的体现程度并不完全相同。词素和单纯词的构式义是完全无理据的，体现为绝对的任意性；而合成词、固定短语则只具有相对的任意性。索绪尔（Saussure，1980：181）也提到了"相对任意性"的观点，他说："只有一部分符号是绝对任意的；别的符号中却有一种现象可以使我们看到任意性虽不能取消，却有程度的差别：符号可能是相对地可以论证的。例如法语中的"vingt"（二十）是不能论证的，而"dix-neuf"（十九）却不是在同等程度上不能论证，因为它会使人想起它赖以构成的要素和其他与它有联系的要素。"

图式性构式属于图式符号，它的形式（能指）与构式义（所指）之间虽然不是完全透明的，但是有较强的理据性。在不同的语言中有着较高的相似度（例如：双及物构式、致使移动构式、存在构式等在许多语言中都大致相同）。这是因为图式性构式直接来源于人与世界互动过程中产生的感知经验。通过感知世界的某一个方面，人在认知域中形成意象，进而抽象为意象图式。意象图式投射到具体语言，就形成了构式。因此，图式性构式往往具有超语言的性质，体现了人类的认知共性，从中可以看到明显的理据性。

构式是一种象征符号单位，构式的形式与意义之间通过象征对应连接链（symbolic correspondence link）连接。象征对应连接链既具有任意性，也具有理据性。语言的任意性和理据性在不同层面、不同复杂程度的构式中有不同的体现。从实例性构式或图式性构式，任意性逐渐减少，而理据性逐渐增加。可用下图表示。

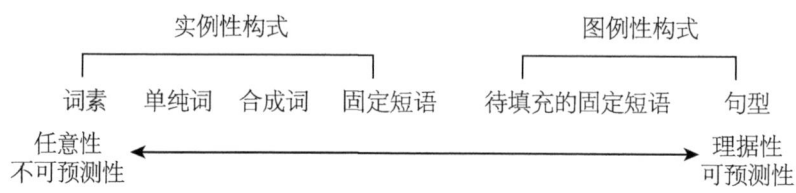

图1　各类构式中任意性和理据性的消长变化

基于构式观，语言符号从自由短语到固定短语是渐进的，从自由句式到固定句式也是渐进的。在这一渐进过程中，符号的任意性和理据性也呈现出此消彼长的趋势。

可见，构式论是对语言符号论中过分强调任意性的反动。构式论不但指出形式与意义之间的任意性，而且指出它们之间具有象征关系。正如林正军、王克非（2013：354）指出的那样："构式论秉承了认知语言学的意义观，认为人们在与世界互动的过程中通过感知系统获得经验，形成认知意象，这种意象经过人脑的加工形成概念结构，概念结构由构式的意义来体现。反过来，构式的形式体现意义、意义体现概念结构、概念结构体现认知意象、认知意象体现人们与世界互动所产生的经验。因此，构式意义的理据性在于最终体现人们与世界互动过程中产生的感知经验。从这个意义上来看，构式的外部理据性是绝对的、无条件的。"

5 构式思想对语言符号论的贡献

把构式看作是符号，对语言符号论是必要和有益的补充。这主要体现在以下三方面。

5.1 构式思想扩大了语言符号的范围

与传统符号概念不同的是，构式是更为广义的形义结合体。其能指可能具有不确定性、非连续性、非实体性，其所指可能具有模糊性、多义性、整合性。传统上的符号学只承认实体符号。我们认为，这是不完整的符号观。随着认知科学的发展和对图式本体性的揭示，我们应当承认"图式符号"。事实上，图式符号不只存在于语言之中，各个领域都有图式符号。比如，进行曲、中式建筑、美式快餐等都可以看作是图式符号。它们是原型范畴，是抽象出来的形义结合体，但也具有符号的基本性质，可以具体化为各种各样的实例。

5.2 构式思想扩展了语言符号能指和所指的内容

严辰松（2006：9）认为，构式在形式上包括音系特征、韵律特征、句法特征和形式特征，在内容上包括语义特征、语用特征、社会—文化特征、语篇功能特征和风格特征。林正军、王克非（2013：352）也认为，构式的概念是索绪尔符号定义的一种自然延伸，"构式扩展了语言符号的构成要素，构式的形式部分不仅包含了语言符号的音响形象（即音系特征），还包含形态和句法特征；意义部分突破了传统的意义特征，增加了语用特征和语篇功能特征"。我们以"把"字构式为例：其能指是"N_1 + 把 + N_2 + V"，其所指除了"动词 V 所表示的动作对宾语 N_2 作出了处置，致使其位置或状态改变"这一构式义，还包括一些语用信息。比如：动词 V 一般有较强的动作性（因此，不及物动词、能愿动词、判断动词、趋向动词和"有、没有"等不能用于"把"字句），不能是"光杆动词"（如"*我把地扫"）等。语义和语用没有本质的区别，只是规约化的程度不同，都可以为构式语法的意义观所涵盖。

5.3 构式思想说明了语言符号的动态性

从我们对构式形成机制的分析来看，物、符号、符号串是可以相互转化的。物可以变为符号，符号组合为符号串。符号串也可以整体上发生符号化，形成构式。图式构式又可以通过实例化，回归符号串。而符号自身也处在不断发展的过程中，从一级符号到二级符号，再到三级符号……所以说，符号活动过程就是永无止境的认知过程。构式就是这一认知过程中的产物。

6 结语

本文讨论了符号学中的"符号"概念与认知语言学中的"构式"概念之间的关系。

笔者认为，构式与符号具有相同的本质。构式产生的过程就是符号化的过程。新构式是受语言经济原则的影响，通过符号和符号串的固化产生的。发生固化的符号串可以是连续符号串、非连续符号串和上位的符号串，它们分别产生不同的构式。从符号的角度，还能对构式义的不可预测性做出更为合理的解释。承认构式是符号，对语言符号论也是必要和有益的补充。构式的概念扩大了语言符号的范围，扩展了语言符号能指和所指的内容，同时也说明了语言符号的动态性。

总之，符号学与认知语言学是有着共同的基本理念的，皮尔斯的符号学范式也一直被认为等同于"认知符号学"。借助构式概念，可以更为深入地理解认知因素在符号生成和使用时所起的作用，以及符号的任意性和理据性之间的关系。

参考文献

[1] Goldberg, Adele E. *Constructions：A Construction Grammar Approach to Argument Structure* [M]. Chicago：The University of Chicago Press, 1995.

[2] Goldberg, Adele E. *Constructions at Work：the Nature of Generalization in Language* [M]. Oxford：Oxford University Press, 2006.

[3] 费尔迪南·德·索绪尔. 普通语言学教程 [M]. 高名凯, 译. 北京：商务印书馆, 1980.

[4] 林正军, 王克非. 语言符号论与构式论探析 [J]. 外语教学与研究, 2013, 45 (3)：351-362.

[5] 刘大为. 从语法构式到修辞构式（上）[J]. 当代修辞学, 2010a, 159 (3)：7-17.

[6] 刘大为. 从语法构式到修辞构式（下）[J]. 当代修辞学, 2010b, 160 (4)：14-23.

[7] 陆俭明. 从语法构式到修辞构式再到语法构式 [J]. 当代修辞学, 2016a, 193 (1)：1-9.

[8] 陆俭明. 对构式理论的三点思考 [J]. 外国语, 2016b, 39 (2)：2-10.

[9] 罗兰·巴尔特. 符号学原理 [M]. 李幼蒸, 译. 北京：中国人民大学出版社, 2008.

[10] 皮尔斯. 论符号 [M]. 赵星植, 译. 成都：四川大学出版社, 2014.

[11] 严辰松. 构式语法论要 [J]. 解放军外国语学院学报, 2006, 29 (4)：6-11.

[12] 张焕香, 高平. 从格语法到构式语法 [J]. 哈尔滨师范大学社会科学学报, 2011, 2 (1)：89-94.

[13] 赵毅衡. 符号学 [M]. 南京：南京大学出版社, 2012.

The Linguistic Semiotic View of Construction

Yu Xin

(Tianjin Foreign Studies University)

Abstract: This paper discusses the relationship between the concepts of "construction" and "sign". Sharing the same essence, they are the unity of form and meaning. A construction is a sign or a string of signs. Different constructions result from symbolic movement and solidification of strings of continuous, discontinuous or upper symbols. The concept of construction, a supplement to linguistic semiotics, expands the latter's scope and composition, and enhances its explanatory power. The relationship between the arbitrariness and the motivation of language signs can be convincingly accounted for by construction theory.

Keywords: sign; symbolization; construction; cognition

作者简介

于鑫，教授，博士，博士生导师，天津外国语大学语言符号应用传播研究中心。主要研究方向为语义学、语言符号学、对比语言学。

基金项目

国家社科基金项目"基于汉俄句型对比的外宣翻译研究"（项目批号：15BYY192）。

书刊评介

一体与多元之间：认知世界的符号学方法论
——读《文学符号王国的探索：方法与批评》

李玉凤

摘　要：《文学符号王国的探索：方法与批评》是一部以符号学的研究方法，解读19世纪至21世纪俄苏文论和文学以及20世纪西方文学及其文艺观念的发展和变化的总结性著作，是张杰教授三十多年符号学研究的结晶。文集以对话批评理论为基础的多元共生思维模式，把批评的焦点展现在过程之中，在对话语境的变化中揭示文本的不同意义，并将种种可能性加以列举，努力还原可阐释的真实；以俄苏文学史实、文艺现象和宗教文化为研究对象，不再局限于纯文学问题，并不断地超越文学现象，努力探索一条融中西方文学批评特征于一体的符号学的方法路径，推动着中国文化符号学研究的进路。

关键词：文学符号学　方法论　多元　对话　问题意识

我们生活的物理世界，无论从何种意义上，对所有生命体来说都是同样的客观存在，但由于不同的生命体具有不同的机体构造，每一种生命形式仅适用于物理环境中的某些部分或某些方面，而不会平等地共享周围环境。这种适用性不取决于物理环境，而是取决于有机体自身，它根据自己特定的认知模型系统，将外部经验世界转化为内部的表现世界，并以生物学的方式解释世界，产生意义。正如施一公所说："我们看到的是主观世界，没有客观世界。"可以想象一下，如果我们所看到的世界只不过是这个宇宙空间中4%的存在形式，而另外的96%既看不到也感觉不到，即使这4%也是以有限的选择形式进入生命体的认识视野之中，那么我们将如何认知世界并将外在的客观世界模塑为多元的主体性世界呢？也许符号学的方法论路径，能够为我们打开认识世界的又一扇窗口，因为符号学研究就是为了让世界变得多元，也可以说，符号学研究作为一种方法论，其意义主要在于把看似简单的事物复杂化（张杰，2011：16），在认知世界的同时，一生二，二生三，三生万物，展现多元共生的主体认知生态。

张杰教授的新著《文学符号王国的探索：方法与批评》（北京大学出版社，2021年5月，以下简称为《方法与批评》）作为"中国当代符号学名家学术文库"系列丛书的一卷，体现了国内符号学界在符号认知方法论方面的学术积累和深度思考，它的出版对于推动国内符号学理论的研究和发展具有里程碑式的意义。这部著作收录了张杰教授1989年至2019年间在国内外学术期刊上发表的47篇论文，分为上下两编，即"方法篇"和"批评篇"。从构成形式上来看，上编聚焦符号学理论，侧重符号学理论发展的总趋向和方法论；下编关注文学批评，以符号学的研究方法，从宏观视角概括和评价了19世纪至21世纪俄苏文论和文学以及20世纪西方文学及其文艺观念等的发展和变化，是符号学理论与文本批评实践的探索性结合。作为俄苏文艺符号学理论的资深学者，张杰将符号学理论和方法自觉地运用于文学和文艺现象的批评实践，这无疑是有重要价值的。然而，作者在此书中的特殊创意还在于，他从一开始就选择了另一种符号学方法论路径——对话性写作。一方面，作者不再把文学文本视为一个完整的意义体系，去探讨文本意义的构成，而是从对话性的视角，从表达的层面思考文本意义的再生机制，追问文本意义的生成可能性，并将种种可能性加以列举，努力还原可阐释的真实。另一方面，作者以俄苏文学史实、文艺现象和宗教文化为研究对象，却不再局限于纯文学问题，并不断地超越文学现象，如作者所言，"文学在俄国大于文学"。可以说，作者对文学符号王国的探索使其走向对人类文化认知思维方式的探索，走向对真理的探索。

1 问题意识：还原意义的阐释路径

问题意识，并不是符号学方法论独有的解决路径。科学的唯物史观要求辩证地看待错综复杂的现象，透过现象认识本质，从相互联系中发现问题，解决问题，从繁杂的问题中把握本质的规律。而符号学的任务是在头绪纷繁的文化现象中研究意义，为人文社会科学构建一种共通的方法论框架，促进人文社会科学领域内话语表达的精确性或科学性。然而，意义本质上是多元的、动态的、可阐释的。文化现象本身又是极其丰富多彩的，很难对同一现象达成共识，也很难简单地用"自然科学的理性"来统一"文化精神的理性"。这不仅是因为阐释的多样性和客观描述的局限性，而且还在于批评认识的未完成性和不确定性。张杰认为，在文学符号王国的探索中，"真理的存在应该是一根无限的问题链，是一个永远的运动过程。也就是说，真理不是以结论的方式，而是以问题的方式存在着，每一次探索的成功都会导致新问题的出现"（张杰，2021：107）。

《方法与批评》的一个显著特点，就是问题意识在意义阐释过程中的对话性的存在，文本或以问题的思考开篇，或以一系列的问题链推进对意义的叩问，或以问题留白，在作者与作家及读者之间形成一个动态的对话过程，还原意义的多元阐释路径。《多一点问题，少一点结论——也谈外国文学研究的问题意识》一文的中心话题即问题意识，作者在文中一共提出了24个问题。在开篇引言中，作者提出："外国文学研究的任务究竟是什么？针对千姿百态的外国文学现象，我们是应该努力去得出一系列相对公允的评价性结论，对外国文学发展进程进行客观的梳理，还是应该去不断提出新的问题？引发新的思考？我们是否有能力来解决我们所遇到的问题？我们是否应该另辟研究蹊径，用新问题来替换老问题，通过问题的思考来推进我们的外国文学研究呢？"（张杰，2021：106）这5个连续的问题，对于外国文学批评和理论界来说，是令人困惑也是值得深思的问题，而对于人类思维认知的发展来说也是如此。进行客观的梳理，得出评价性的结论,这固然是重要的,但随着认识的发展和深入,结论又常常会被重新认识,甚至还会被否定。或者说,人类社会的发展和进步就是在否定之否定的或批判的继承中不断前行的。

那么,既然问题意识如此重要,"既然真理的探索是由一连串问题构成的问题链,为什么我们还依然在努力通过归纳总结出一系列评价性的结论呢"(张杰,2021:109)?作者认为,这与批评研究的思维模式和行动方式有关,结论的归纳和阐释通常是一种封闭式的研究,体现为信息的发出与理解的单向交流的行动,而问题的提出则是一种敞开式的研究,是交际双方信息之间的交往行动。相比而言,问题意识的交往互动模式,有利于促进作者、文本和读者之间的对话,引发读者群的主体性思考。可以说,问题已成为《方法与批评》文本内的标记性能指。比如,在《21世纪批评方法的重建》中有13个问题;在《叙事文本的"间离":陌生化与生活化之间——洛特曼对诗体小说〈叶甫盖尼·奥涅金〉的戏剧化分析研究》中有9个问题。这些问题在文本中不是偶然出现的或仅作为叙事进程中的伴随文本,而是普遍的和不匀质的规律性现象,这表明作者是有意为之,为的是消解结论归纳性的干扰,敞开对话关系中多声部主体的声音诉求。其实,无论是结论的归纳还是问题的提出,都不可避免地会有解释者作为主体的介入,但"结论的归纳"模式中解释者的声音显然主要来自作者,而在"问题的提出"模式中则表现为矛盾的、相互对话的来自不同解释者的声音,有利于还原意义的多元阐释路径。

2 对话思想:批评融合的中性写作

如果说问题意识以批评的能指形式指涉多重对话性主体的存在,消解作者的结论归纳式的主体观,那么,对话思想则表明作者的"创作主体最小介入"的立场,表现为一种批评融合的中性写作方式。这种批评写作观不同于巴尔特所主张的"零度的写作"或"中性的写作",巴尔特的写作"存在于各种呼声和判决的环境里而又毫不介入其中"(巴尔特,2008:48),回避或反对介入社会性的价值判断或道德秩序。在破除"聚合体"(即"极性"之间的对立,怀宇,2019:122)和冲突的同时选择了一种"中性的和惰性的状态"(巴尔特,2008:48)。而在《方法与批评》一书中,张杰认为:"要想真正构建对话批评,走多元化的批评之路,首先必须打破'二元对立'的思维模式,变'二元对立'为'二元共生'或'多元共生',也就是不仅注意事物之间的矛盾性、对立性,同时要看到事物之间的内在联系与相互依存。"(张杰,2021:66)张杰的批评写作观建立在对话的思想基础上,恰恰是不回避矛盾,要打破对立,从对立走向共生,表现为一种融合的和积极的写作状态。作者、作家和读者之间的对话性的言语,也成为作者思考的生产场所。在这里,读者更能感受到的是在多视角之间转换的意义的生产过程,而非"一言以蔽之"的作者的某一思想或观点。这是一种自由生产的语言,是对语言遮蔽的拒绝,也是文本意义再生机制的内在原动力。

众所周知,张杰是国内最早从事巴赫金对话思想研究的学者,他之所以选择符号学及方法论的研究,也首先是源于巴赫金思想的吸引。早在1989年起,张杰即着手以"巴赫金的复调小说理论研究"为题开始研究,1992年以"陀思妥耶夫斯基的创作与巴赫金的复调小说理论研究"为题的国家社科基金项目顺利结项,并在此基础上出版了国内第一部研究巴赫金的学术专著(《复调小说理论研究》,漓江出版社,1992年)。1995年,时值巴赫金100周年诞辰之际,张杰在俄罗斯科学院高尔基世界文学研究所访学,他应邀参加了国际第三届巴赫金学术研讨会,作了题为"巴赫金研究在中国"的主旨发言,相关文章后来刊登在国际巴赫金研究的顶级期刊《对话、狂欢化、时空体》(1996年第3期)。在其长达30多年的符号学研究中,张杰教授经历了从语言符号到文化符号,并最终走向宗教符号研究的转型,但不可否认的是,对话思想始终是他展开研究的主要的符号学方法论研究途径。

在《方法与批评》一书精选的47篇论文中,至少有20篇与巴赫金的对话思想相关,包括"方法篇"中的13篇和"批评篇"中的7篇。比如,"方法篇"中的《更新思维模式,探索新的方法——外国文学与翻译研究的方法论思考》一文,以外国文学和翻译研究为例,探讨从二元对立到多元共生的对话性思维模式的转换,用对话批评的方式来把握文学研究的对象,努力构建一种走向对话语境的批评方法路径。作者认为,二元对立的思维模式在20世纪的外国文学研究中,确实起到了一定的积极作用。比如把文学研究分为内部研究与外部研究,强调文学的内部研究,把文学一分为二,分为文学体系的研究与文学作品的研究,强调文学体系的研究。这种"一分为二,强调一点"的方法论,有利于发掘意义的确定性、明晰性和完成性,却忽视或回避了二元之间的关联性、对话性和相互依存性。这一思维模式也会使人"自觉或不自觉地把本来不一定对立的概念相互对立起来,甚至在考虑问题时也很容易从正反两个方面去思考"(张杰,2021:195)。这就可能在很大程度上限制了我们的研究,因为所谓的二元对立之间也并非一定是相互排斥的关系,还可能是共生互补的关系,而且"文学批评本身并不一定要对复杂的文学现象归纳出一个排他性的明确评价,批评者完全可以同时从不同的视角去观照文学对象,从不同的语境,甚至是相反的语境,部分地揭示对象的意义。如此就会在同一个批评文本中,共生着若干个批评话语,它们也许是互补的,也许是相互矛盾或对立的。它们之间展开着对话,形成一个由各种话语共生的对话语境,批评的意义就产生于这些共生的对话之间"(张杰,2021:197)。

以对话批评理论为基础的多元共生思维模式,把批评的焦点展现在过程之中,在对话语境的变化中揭示文本的不同意义,而不局限于对某一固定模式的阐释。这样,作者的时空视点便可自由转换,与作家、文本和读者对话,重构批评模式中的作者意识与对话关系,反观对话理论中的非对话性,重建21世纪的批评方法,阐释现实的象征化与象征的现实化,从"形式"走向"认知",从"语言学"走向"话语学",反思俄苏符号学理论在中国的接受，循环，反复，转向，更新，从多角度观看，还文本以自然生态的环境，还原文本的生态批评意义。如同斯捷潘诺娃的"橱窗小说"，将历史记忆物件"陈列"在语言文本中，在记忆表征物与观者之间竖起一面如同橱窗一般的透明玻璃隔板，以保持其对读者展示的真实性，不把任何创作意图强加给读者，在艺术表达方式上"解放"读者，给读者以尽可能多的可想象空间（胡焕，2022：77）。

3 符号生态：有无相生的中国文化进路

在探讨问题意识与对话思想时，不难发现，我们也在探讨结论的归纳与二元对立的思想，它们之间是彼此联系的，但为了叙述方便，仍不可避免地会将前者与后者放在对比的位置上，似乎凸显了一方，就会排斥了另一方。然而，《方法与批评》一书所努力探索的恰恰是以问题的敞开，以对话式的批评，"陈列"艺术现象之间的差异和艺术符号的独特个性，还原其符号生态，发掘艺术文本的无限可阐释空间，因为"符号学的方法就是世界本质的符号化认识以及符号意义的多元揭示"（张杰，2021：90），"当我们无法最终把握自己的研究对象时，只有用自己独特的方法来管窥世界。其实，符号学本身就是我们认知世界的一种独特方法"（张杰，2021：2）。符号现象是无限且多元的，但方法论是符号学研究的边界。也可以说，《方法与批评》一书探索的是一条融中西方文学批评特征于一体的对话式符号学方法路径，把外在的每一种意义的阐释以对话的形式加以列举，释放阐释主体的压力，还符号以自由，展示符号意义的"无"，从而体悟符号意义的"有"，"有""无"相生，还原符号认知的自由和生命力。

进一步来看，这也表现了 20 世纪的两种迥然不同的文化思维习惯，克里奇利（2013）称之为"边沁式"的和"柯尔律治式"的思维习惯；或者说，是"经验—科学"的和"阐释—浪漫"的思维习惯；或者如斯诺（1959）所言的"哲学中的两种文化"。一方面是科学家所代表的科学文化；另一方面则是文人知识分子所代表的非科学文化，其深层次的困扰甚至可以追溯至古典时期的柏拉图和亚里士多德以及拉丁时期的笛卡尔和班索特。

卡西尔曾努力调和这"两种文化"思想取向之间所产生的张力，并试图在两者之间搭桥。卡西尔认为，所有不同的符号形式，从数理自然科学到人类文化史，从自然语言到道德、宗教和艺术，都拥有其自身独特的"普遍有效性"，但它们最终都统一为人的精神的表达，这种精神力求对其周围的世界"客观化"。（费里德曼，2010：142）同样，西比奥克也意识到存在着一条超越现代性的道路，即符号之道（迪利，2012：189）。"符号之道"主张"真实的存在"和"理性的存在"缺一不可，二者不能截然对立，由此试图避开实在论和观念论的困扰，而将符号活动过程视为一个更宏大和更具根本性的过程，把物理世界本身纳入人类符号活动过程，并将人类符号活动过程视为自然符号活动过程的一部分。在生物学上，这一符号学观点的先驱是乌克斯库尔，他提出了环境界（Umwelt）的概念，"环境界是生命体创造的世界，它居住在以符号关系为基础的意义世界里"（库尔 & 马格纳斯，2014：41）。因此，我们所处的境况是，我们生活在一个符号世界中，符号在"思考"，正如皮尔斯（CP 8.332）所言，"如果问题只是我们利用符号表达什么，那么这个问题可能很快就会得到解决"。显然，对于人类生命体来说，无限衍义是存在和延续的开放解释，这不是手握"阿里阿德涅之线"，在迷宫中寻找到出口的手段，更不是意义的循环阐释，而是解放意义的生产价值，借助各种符号的能动力量进行博弈，创造和发展新的文化实践活动。

可以说，"符号学的研究目的不只是阐释符号本身或符号之间的关系或揭示符号运行变化的规律，而更主要是为了提升人的思维能力，扩展人的认知空间，让本应自由的人摆脱各种社会的、伦理的羁绊，自由地去思考"（张杰，余红兵，2021：10）。这既是在符号表征之"意义晦暗"的领域追求意义确定性的探索，也是符号学方法论本身内在学术张力的反映，张杰教授的《文学符号王国的探索：方法与批评》一书在解读俄苏文艺符号学的过程中，又在方法论上表现出明显的不同，促进了符号学研究的多元化，推动着中国文化符号学研究的进路。

参考文献

［1］Peirce, C. S. *Collected Papers of Charles Sanders Peirce*［M］. Volumes 8. eds. Charles Hartshorne and Paul Weiss. Cambridge, MA: Harvard University Press, 1931 – 1958.

［2］巴尔特，罗兰. 写作的零度［M］. 李幼蒸，译. 北京：中国人民大学出版社，2008.

［3］迪利，约翰. 符号学基础（第六版）［M］. 张祖建，译. 北京：中国人民大学出版社，2012.

［4］费里德曼，迈克尔. 分道而行：卡尔纳普、卡西尔和海德格尔［M］. 张卜天，译. 南星，校. 北京：北京大学出版社，2010.

［5］胡焕. "橱窗小说"：斯捷潘诺娃小说《记忆记忆》的叙事艺术探索［J］. 外国文学动态研究，2022（2）：75 – 83.

［6］怀宇. 法国符号学研究论集［M］. 北京：北京大学出版社，2019.

［7］库尔，卡莱维 & 马格纳斯，瑞因. 生命符号学：塔尔图的进路［M］. 彭佳，汤黎，等，译. 成都：四川大学出版社，2014.

［8］张杰. 文学符号王国的探索：方法与批评［M］. 北京：北京大学出版社，2021.

［9］张杰，余红兵. 反思与建构：关于精神文化符号学的几点设想［J］. 符号与传媒，2021（1）：1 – 13.

Between Oneness and Pluralism: A Semiotics Methodology for Cognitive Worlds
—On *Exploration of the Kingdom of Literary Symbols: Methods and Criticism*

Li Yufeng

(Tianjin Foreign Studies University)

Abstract: *Exploration of the Kingdom of Literary Symbols: Methods and Criticism* is a conclusive book that uses semiotic research methods to interpret the development and changes of Russian and Soviet literary theory and literature from the 19th to the 21st century as well as the western literature and its literary concepts in the 20th century. It is also the crystallization of Professor Zhang Jie's thirty years of semiotic research. The anthology is based on the multi-symbiotic thinking mode of dialogue criticism theory, showing the focus of criticism in the process, revealing different meanings of the text in the change of dialogic context, and trying to restore the interpretable truth by listing various possibilities. Moreover, taking the historical facts of Russian and Soviet literature, literary and artistic phenomena and religious culture as the research objects, it is no longer limited to pure literary issues, and constantly surpasses literary phenomena, and strives to explore a semiotic method that integrates the characteristics of Chinese and Western literary criticism, and to promote the approach of Chinese cultural semiotics research.

Keywords: literary semiotics; methodology; pluralism; dialogue; problem awareness

作者简介

李玉凤，博士，副教授，硕士生导师，天津外国语大学语言符号应用传播研究中心。主要研究方向为文化符号学、教育符号学。

基金项目

本文为天津市哲学社会科学规划课题"语言教育符号文本的空间叙事性研究"（项目批号 TJWW19 - 019）的阶段性成果。

会议综述

转变：意义科学的挑战
——法国符号学学会（AFS）2022年国际会议综述

张彦梅

1 背景

新人文学科的兴起和构建，比如数字和环境学科，都正在关注深刻变化着的社会。如今，我们正处于媒介化环境中，话语被不断生产和传播，真实和谎言似乎总是处于模糊的边界。因此，在与真相进行博弈并面临信任危机的挑战之时，尤其是对于意义学、语言学和传播学而言，理解和解释社会变革便至关重要。

2022年，法国符号学学会国际会议在利摩日大学符号学中心（以下简称"CeReS"）举行。大会主题为《转变：生态、数字、社会和人类——意义科学的挑战》（*Transitions: écologiques, numériques, sociales et anthropiques. Les sciences du sens à l'épreuve*），通过"转变"（transition），致力于探索和阐释当代各领域的动荡性变化。"转变"这一主题，既与当代社会的时代主题相关，又作为各学科的研究结合点，可以将符号学、语言学、信息学和传播学等学科的研究共同应用于解决人文社会性问题。

从普通符号学角度来看，"转变"和"转换"（transformation）、"异质性"（hétérogénéité）、"体态性"（aspectualité）、"渐变"（devenir）等概念是相近且相关的。根据皮耶路易吉·巴索·福萨利（Pierluigi Basso Fossali）（以下简称"巴索"）在《走向文化的符号学生态》（*Vers une écologie sémiotique de la culture*，2017）中所指出的："'转变'是激活主体状态转换的路径。主体与其目标对象的关系并不只是简单的'合取'或者'析取'关系，身份的不确定会产生混乱和动荡现象，因为价值重心不能马上明确其归向，语义背景总是充满各种趋势。"（Basso Fossali，2017：349）因此，巴索教授指出，"转变"这一概念可以从三个方面进行理解：时间上，它是暂时性的（temporel）；空间上，它是混杂的（hybride），结构的稳定性还尚未实现并呈现出一个缓冲地带；行为者方面，行为者能力正经受考验，作为桥梁性系统总是在前后不一致的阶段间进行协调，此时行为者的身份是未确定的和待构建的（Basso Fossali，2017：349—350）。可见，转变是动态变化的，它会催化、促进行为者从一个状态到另一个状态转换的实现。换句话说，"转变"构建了以"转换"为核心的一种新式"叙述性"。

我们可观察到，"转变"和"转换"之间存在紧密的相关性。"转换"的强度和结果的不确定性需要通过委婉缓和的战略方式来克服。因此，面对繁杂的变化，"转变"便是"转换"的策略，它可以操纵集体行为者的凝聚力，将抵抗和保守的形式虚拟化。

因此,"转变"可以看作是一种权力游戏,通过缓解且连续的调制机制实现和谐一致,并将大规模的破坏性和混乱性变化虚拟化。

因此,在动荡变化的社会背景下,"转变"的符号学研究正是作为一种协调性战略发挥其科学的认知作用。

2 会议总体介绍

因为全球新冠肺炎疫情影响,原定于2020年、2021年的会议延迟到2022年4月4日至4月7日举行。由于特殊的时代背景,所以大会的参会方式分为线上和线下。

除了开闭幕式以外,共有48场符号学家、符号学博士后和在读博士生进行个人汇报,分别来自法国、比利时、加拿大、瑞士、意大利、巴西、摩洛哥、哥伦比亚、亚美尼亚、黎巴嫩、中国(笔者)等国家。

大会交流分为两部分:个人汇报20分钟,以及个人汇报之后的15分钟提问。各汇报按照时间和主题依序进行。

本次大会的工作语言为法语和英语。

3 主要主题综述

开幕式中,利摩日大学校长伊莎贝尔·克洛克-丰塔尼耶(Isabelle Klock-Fontanille)指出,思考意义科学所面临的挑战并不是偶然事件,因为现代信息的变革和发展不仅引起文化、社会、环境和经济等方面问题,而且也给大学的教育教学敲响了警钟。因此,她对CeReS符号学中心致力于研究最新问题和解决当下问题的工作给予充分肯定,并祝愿大会圆满召开。

作为法国符号学学会现任会长、法国国家科研中心(CNRS、里昂高等师范学校和里昂第二大学联合)语言符号实验室(ICAR)主任,巴索教授首先对利摩日大学的会议组织表达感谢,对参会人员表达感谢。其次对CeReS符号学中心在硕士阶段的人才教育培养给予肯定,因为培养方式既包含了语言学教学,也包含了信息传播教学,使得符号学学科在传承延续和实践应用中发展。巴索教授最后回归大会主题,认为此次会议涉及学科范围广,这与法国符号学学会的跨学科研究的目标是一致的。他指出法国符号学学会的科学活动一直在致力于使多领域、多样化的课题之间进行对话,符号学学科也正在经历转变阶段,思想的外形也一直是运动变化着的,需要不断理解和解释出现的新现象。

CeReS符号学中心主任尼古拉斯·古维涅阿斯(Nicolas Couégnas),作为此次大会的组织负责人,在开幕式中进一步明确了会议中汇报的要求,并进一步阐述大会主题分为认知论和转变形式(Epistémologie et forms de la transition)、社会转变(Transition sociétale)、数字转变(Transition numérique)、生态转变(Transition écologique)以及转变与艺术再现（Transitions et représentations artistiques）。

因此，笔者将选取每个主题下的代表性发言进行概述，以便了解这些符号学专家的最新研究动态。

3.1 转变的认知论和形式

3.1.1 巴索教授的《从外形活动到转变的定位》

巴索教授是里昂第二大学的语言学教授，是法国符号学现任会长。他的主要研究方向是文化符号学、视觉符号学（电影、摄影、绘画）、陈述活动理论研究、身体符号学和感知理论研究、激情符号学、交互实践符号学等。

巴索教授在汇报中阐述"转变"共有三种形式：被观察的转变（transition observée）、媒介式转变（transition médiée）、具体化转变（transition incarnée）。

首先，被观察的转变，其"存在"（être）是面对"转变"的一种状态，"转变"不仅承载了多条"转换"路径（注：这些转换路径并不一定是协调一致的），而且有潜伏期（latences）、静止期（quiescences），抑或是休眠期（dormances）。但是，即使被观察的转变难以处理，但"转变"仍可在张力中得以持续。一方面大脑试图在眼球运动期间掩盖空间的转变，以稳定开始和结束时的聚焦。另一方面，生理性眼球震颤是面对视觉场景中的转变的一种正常视觉反应，其作用是将运动着的图像锁定在视网膜上，也就是说在潜伏阶段，眼睛会跟随运动的刺激物，而当刺激物消失时，延脑①便回到初始位置。但是，矛盾在于，转变效应被掩盖于内部，同时又尽力与外部情况相适应以便能捕捉到"转变"。为了捕捉到"转变"并提高辨别能力，大脑甚至会进行各种形式的时间倒转操作，同时也会利用眼球运动（比如眼球震颤）为自己提供其他感知上的"冲击"，即使"转变"处于静止期也是如此。

其次，媒介式转变，其"存在"状态是为了"转变"。"转变"是需要管理的，即使是不可触知的。一方面，通过同步性分割来比较各种状态；另一方面，通过特定的表达、持续性且具有真实质量差距的意义范围来重构"转变"。但是，"转变"的现象学并不能够对应于连续性的客观描述。那么，转变又如何"栖息"呢？又如何不单单成为事后的见证呢？如果只是从感觉环境（environnement sensorielle）到符号域（sémiosphère），那"转变"就不能被认为是从起始外形（configuration de départ）到最终外形（configuration d'arrivée）的变形演变（évolution anamorphique）。"转变"的运动属于多种形式间的共生和竞争，这种共生没有明确的形式，它是盲目的。此时的"转变"是偶然的，也是开放的和具有可能性的。它实现的可能性领域也会衍生出相同逻辑的公约范式，它的张力会引导重构趋势。在一个文明化的环境中，即一个既定的符号域中，"转变"涉

---

① 延脑也叫延髓，位置在脑组织的最下部分，其主要功能是控制生命最基本的生命活动。

及的是共时语法的偶然变化,其句法组织安排的编符差异,便开启了差异间的概要性解读。从这方面来看,在间隔的系统化中,不必借助参数化的投入比或者预先排序嵌入,也可以寻找到关系间的例证。"转变"就如同无边际的、进行性的合并一般。"转变"作为一种调制形式(forme d'une modulation),被赋予了带有自己特色的标签。简而言之,这是实现过程中一种具有偶然差异性的感觉体验。"转变"会让人认识到行动中的体验,这种体验的特点是攻击或消亡的"过渡态"(transitoires),抑或是一种衰退现象。"过渡态"是一种没有设计的"形态发生"(morphogénèse),"转变"出现的时间以及实践的突然发生都是没有设计的。"转变"自相矛盾地呈现事态发展的非复制性,因为它是不确定的、半透明的、层层叠叠的、方向颠覆的,甚至有时存在着狂乱性变化。

最后,具化转变,其"存在"状态就是"转变",或者可以具体地被认为是"摆渡者"(transitaire),一个无国籍的调停者。从行为者角度来看,"摆渡者"会催化凝聚效力以使转变的方向从"不可捉摸"演变为"可能出现的新秩序",即使"新秩序"还没有被认知。"摆渡者"是确保运输结构或者设计的行为者角色,尤其承担着调停者角色以确保与无人区领域之间的关系。"摆渡者"的一个典型例子就是佚名艺术家,其革新之举可能会为新时代作出巨大贡献,当然也潜在性地存在与旧范式标准条件不相容的危机。"转变"作为"意义空白"(lacune de sens)之间的一种消极路径(parcours négatif),每种意义空白都可能会出现"潜伏期中止"(incubation suspendue)的时候,即一种形式上的静止或者休眠期。佚名画家,以及关于确定其风格身份的困难恰恰可以说明这一点。然而,佚名并不一定是"无政府"式的混乱状态,也不一定是"兼收并蓄"或者善变的"附庸"者。佚名之所以无法辨认,是因为其处于模棱两可的模糊状态,一种未完成代际转换的状态。

巴索教授为证明其观点,向观众展示了一幅法国 16 世纪左右的佚名画《自杀》,他分析了这幅画的各层级转变。首先,肖像转变(transition inconographique),因为这幅画不再遵循传统肖像主题,它处于古典外形和现代外形之间;其次,类属转变(transition générique),因为这幅画加入了社会风格学元素,将宗教与非宗教各类型元素结合;最后是关于其遗传性转变(transition génétique),这幅画关于社会历史性构建的归属问题不明确,因为图画中的蜡烛让观察者无法确定其来源,其蜡烛的明暗可被确定为属于暗色调主义,但是暗色调主义是 17 世纪初期在意大利形成的,而这幅画出现在 16 世纪左右的法国,可见时间和地点都存在尚未明确的疑点。因此,这些不明确的存在张力,都是转变的显现。

3.1.2 德尼·贝特朗(Denis Bertrand)的《"转变"和"中转"(transite)走向哪种模式?》

贝特朗教授,是巴黎第八大学的法国文学和符号学教授,是法国符号学学会前任会长,主要研究修辞学、视觉符号学和社会符号学等。

贝特朗教授首先以2022年法国总统大选为背景，指出目前欧洲最重要的是生态和能源转变、数字转变和民主转变，当然关于"转变"的清单内容也会不断加长。他借助政治背景和社会背景阐述这次大会的主题具有时代性，指出面对日益复杂的"转变"，意指内容也面对挑战。

为了更好解释"转变"概念，他借助"转变"在《小罗伯尔词典》中的法语定义，并与符号学理论相联系。"转变"的第一层含义为："一个想法到另一个想法的传递方式，并通过话语将它们联系起来"；第二层含义为："从一种状态到另一种状态的过渡，通常是缓慢的和渐进的；一种中间状态"。期间，他用雨果曾说过的一句话——"青春期是最微妙的一段过渡期"来解释第二层含义。他指出，通过词典定义中的符号学词素可构建出大量无规则的生成性义素，使得基础的连续性范畴（catégorie du continu）和非连续性范畴（catégorie du discontinu）变成渐进的、矛盾的和分离的。这显示出叙述转换中的动态变化。

接着，他阐述"转变"和"中转"的相关性。因为通过"中转"的"外在形象性"（figuralité），"感觉"被隐藏在整个转变之中。为了进一步明确两者之间的关系，贝特朗教授指出，"转变"是基于"中转"参照系之间的同源性（homologie），比如不需要缴纳海关税就可以入境的产品。简言之，在流动性和摩擦力之间、状态转换和暂停状态之间，"中转"影响我们关于服从同一分类体系和同一句法的选择。在这个过程中，也许会面对情绪的困扰，也许话语会受到限制，激情元素也会因此达到顶点，比如焦虑伴随着沮丧和欲望。这些阻碍因素会使主体在"中转"中远离他预想或者所希望的运动。因此，他建议，做事不能太过于执拗，需要找到合适的时机，选择合适的话语、姿势或论调等。简而言之，通过借助缓和的"比喻"式表达可以改变不合时宜的话语，有助于维持"动荡"与"克制"之间的平衡。这种战略性方法可以将不同参数协调统一起来。

另外，他指出"中转"操作也会在循环的作品中再现所构建的行为，再现自我，这是激情的假象（simulacres passionnels）投射。比如在政治领域中，演讲内容再现古老现象，由此产生文化认同的激情会促进演讲者和观众之间的信息交流。

最后，他指出"转变"和"中转"之间的辩证关系。他首先从这两个概念的前缀"trans"出发，指出其"超出"（au-delà）、"在……的外面"（par-delà）、"另一边"（de l'autre côté）之意，以说明它们在话语中所蕴含的"通道"之意，而事实上，显著的体态性又决定了叙述的起伏变化，也就是"通道"之方向。贝特朗教授总结道："'中转'是运动和停顿、通道和阻塞的矛盾结合体。它构成了'转变'的核心。'转变'的价值将考察同时发生的这两种矛盾张力。'中转'可以看作是'转变'战略的重心。"

3.1.3 戴安娜·卢兹·佩索亚·德·巴洛斯（Diana Luz Pessoa de Barros）的《以诚信范畴分析社会转变》

巴洛斯教授是巴西圣保罗大学语言学荣休教授，主要研究方向是文本和话语研究、语言思想史和话语符号学。

她首先讲解两个诚信矩阵：在第一个矩阵中，"谎言"是"虚假"的矛盾项，"秘密"是"真实"的矛盾项，见图1；在第二个矩阵中，"谎言"是"真实"的矛盾项，"秘密"是"虚假"的矛盾项，见图2。

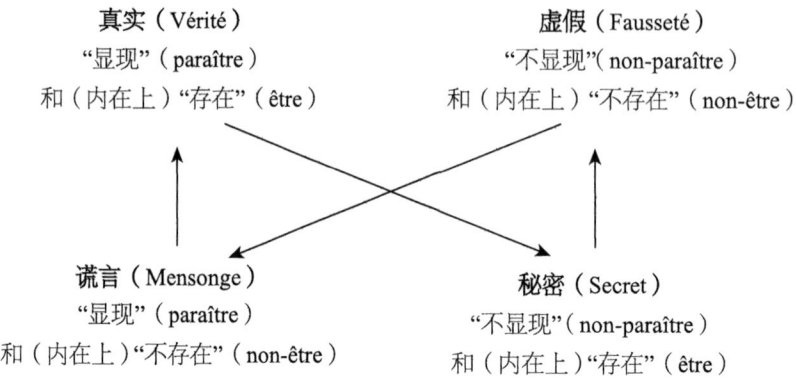

图1　诚信矩阵1

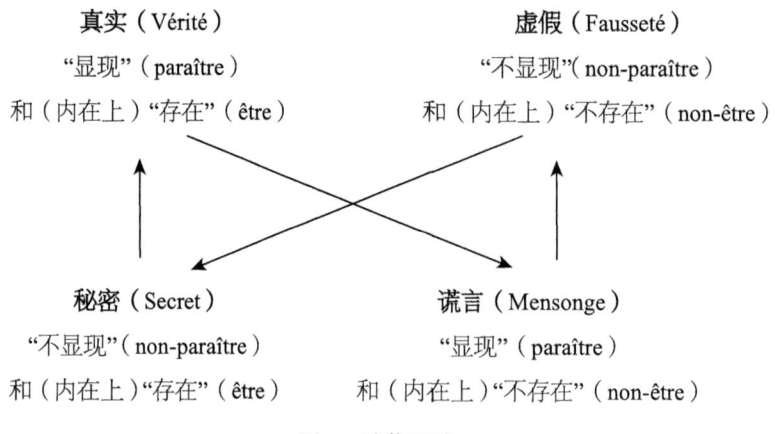

图2　诚信矩阵2

接着，她根据这两个诚信矩阵，分别借助两条话语路径进行阐释。诚信矩阵1用路径A和B表示：A为虚假→谎言→真实；B为真实→秘密→谎言。诚信矩阵2用路径C和D表示：C为虚假→秘密→真实；D为真实→谎言→虚假。这四种不同的诚信路径都体现在不同的话语文本中："假新闻"适用于A；对于历史和科学进行错误修正的话语适用于B；幽默话语为C；诗歌创作者的话语为D。为了更好地解释这四个话语行程，巴洛斯教授分别以"婴儿疫苗"的假新闻、巴西历史中对纳粹法西斯主义的修正、Jean Galvao 的讽刺画以及 Manoel de Barros 的诗为具体的分析语料。

最后，巴洛斯教授认为，关于诚信矩阵的话语路径的思考，可以更好地理解当今不同类型的话语中以"契约"（contrat）为主题的陈述活动，以及与其相关的社会变化。她说："如今在巴西，有两种主要的契约性陈述活动，即谎言话语和幽默且诗意的话语。这两种话语代表了不同的政治立场。在社交网络中，极右派借助谎言发表言论但徒有其表，而左派则是倾向使用幽默技巧阐述实质内容。"

3.2 社会转变

现代科技的进步逐渐使人文科学面对挑战。弗朗索瓦·拉斯捷（François Rastier）曾指出，为了后人文主义的新世界有必要在自然科学和文化之间建立新式组合关系。在这种框架下，相对于所处的"世界"或者是所处的整个环境而言，涉及的挑战是人类的社会、生活和政治地位问题。在世界的科学技术的掌握过程中，那些可被解读为自然的"突然侵入"，比如病毒和大流行病的情况，如何在人类崛起时代重塑人类与环境间的意义关系呢？又如何与一个似乎正朝着不同方向发展的世界建立一种敏感而有意义的关系呢？

巴黎符号学派创始人之一、语言学荣休教授伊万·达罗德-哈里斯（Ivan Darault-Harris）的发言恰恰与当下全球面对的疫情危机契合，题目为《从健康到疾病或者从疾病到健康状态间的转变过程》。

首先，达罗德-哈里斯教授引用世界卫生组织对"健康"的定义，即"健康不仅是没有病和不虚弱，而且是身体、心理、社会功能三方面的完满状态。健康是整个人类的基本权利之一"。然后，他根据"健康"的定义建立如下符号学矩阵，见图3。

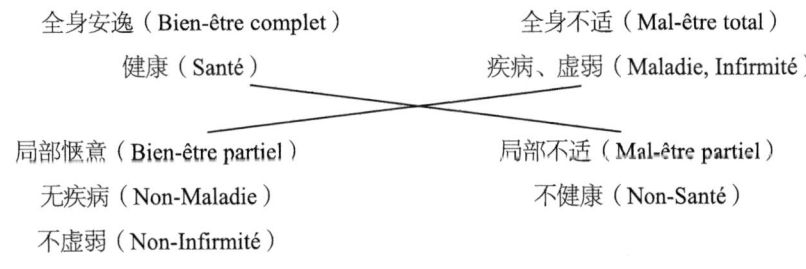

图3 "健康"的符号学矩阵

接着，他根据"健康"的定义，提出三方面的同位素构建，即身体、心理和社会方面的同位素构建。根据其观点，身体方面的"转变"就是不再具备的某种状态，"心理转变"是渐变的符号化过程，而"社会转变"则是一个待建的身份领域。

最后，根据不同的医学疾病分类，达罗德-哈里斯教授分别对截瘫、良性疾病、慢性疾病、新型冠状病毒肺炎、不治之症进行"疾病"和"治疗"两方面的体态分析，以明晰各疾病类型中的转变过程。

截瘫，疾病的体态表现为持续性（durativité），对其治疗体现为奇迹的准时性（ponctualité miraculeuse）；良性疾病，以"感冒"为例，其病症表现为始动性（inchoativité）和终结性（terminativité），终结性就意味着被治疗，于是其治疗的体态表现为可预见的完善性（perfectivité prévisible）；慢性疾病，以"哮喘"为例，其症状具有复现（itérativité）和不连续的持续性（durativité discontinue），所以其治疗也是未完善的复现（itérative mais non perfective）；对于长期的新型冠状病毒肺炎，根据病人体质不同，其临床表现也不同且会出现延迟性发作（réappartition différée）或复发（récidive），即有可能会再次感染或者可能性地存在后遗症，所以其治疗则表现为谎言式的完善性（perfectivité mensongère），也可以说是不完善性。最后，他以"帕金森氏病"为例分析不治之症，指出这种疾病的持续性和治疗的不完善性，他认为不治之症最令人痛苦的可能不是疾病本身，而是其持续不间断的体态过程带给人的心理压力更加让人承受不住。

其中里昂第二大学的在读博士生拉兹米克·哈博扬（Razmik Haboyan）具体对全球新冠病毒肺炎的疫情带来的转变进行阐述分析，他认为疫情带来的是全球治理的"重置化"（réinitialisation），如果没有合适的全球性管理，在应对世界性挑战时社会将陷入瘫痪，尤其是当短期的国家需要和长期的国际需要存在强大的不协调差距时，更是如此。

CeReS 符号学中心的研究员让·路易·布伦（Jean Louis Brun）也通过对"生命形式"（form de vie）概念的思考，对传统的实践方式是否可以实现转变提出了疑问，他认为利于转变的要素有：侵入（immersion）、模仿（mimétique）、重复和诚信等。他最后提出对符号的解释会有波动性变化，并不存在唯一答案。

3.3 数字转变

数字的复制性和多变性构成了一个不稳定的持续性转换空间。而数字和算法之间的区别可以明确转换的变化范围，因为在动态过程中正是算法行为者通过聚合个人路径以优化各个方案来实现不断重构数字空间的操作。

法国符号学学会现任副会长（亦即法国符号学学会下任会长）、波尔多第三大学教授安娜·贝娅艾尔-热丝兰（Anne Beyaert-Geslin）据此发表《算法和符号学工具论》。

贝娅艾尔-热丝兰教授首先针对"算法"（algorithme）进行解释。她通过众多学者关于"算法"的研究理论，使受众从数学、符号学、语言学等方面更加全面理解了此概念。

从数学角度来看,"算法"包含一系列明确的基本性操作指令,它在有限的步骤后完成,并产生一个结果。它通过一个有限的、明确的系列操作指令解决某类问题。从符号学角度来看,格雷马斯曾指出:"叙事的话语单位被认为是一种算法,即被认为是一系列的陈述,从语言学来看其谓语功能模拟了整个目的性行为。"在符号学词典中,格雷马斯和库尔泰斯也给出关于"算法"的定义:"人们把算法理解为对一种秩序的规定,该秩序是在进行一整套显性的指令过程中被确定的,为的是解决某种类型的已知问题。科学元符号学的任务是代表以规则系统为形式的一种符号学运作情况,在这种科学元符号学中,算法对应于一种组合关系的'懂得—做'(savoir-faire),它可以通过指令的形式安排使用那些适用的规则"(怀宇译,2011:11)。以神话为例,神话之间会存在对立,它们要么背道而驰,要么发生转换,如果没有互相参照就不能理解它们。既然神话作为世界的一部分,神话便可以通过世界阐述其思想。由此,法布里·保罗(Fabbri Paolo)曾指出:"如果承认神话是一种陈述算法,能够在特定文化的语义场中阐明真实或者想象的矛盾,那么大众传媒在有不同运作潜力的社会中所发挥的巨大作用就立即显现出来。"

最后,贝娅艾尔-热丝兰教授指出计算算法和陈述算法之间的异同。它们都具有复杂性、规律性、循环性、程序性和战略性。但不同的是陈述算法为了解释内容包含着媒介环节,这是人为的总局观在发挥作用。

除此理论之外的分析,还有关于"数字转变"的具体的应用性分析。

CeReS 符号学中心的副教授安娜·萨迪耶(Anne Sardier),以 9—10 岁孩子在小学教育阶段的课堂教学方式为例,分析新数字化背景下对口语交流和远程课堂的影响。

土伦大学副教授亚历山德罗·莱杜安(Alessandro Leiduan)对于数字科技背景下发展的科幻形式进行了思考。他认为,虽然科技发展改变了交流形式,同时也迫使描述范畴发生改变,但是对于科幻形式存在的潜在性社会危险还是应该敲响警钟,需要正确看待"真实"和"想象"之间的关系。

巴黎第十二大学副教授罗萨纳·德·安吉利斯(Rossana De Angelis)借助 Web1.0 时代、Web2.0 时代和 Web3.0 时代的发展过程,展现了 3 种不同的文字概念,阐释了数字文化中的文本转变。

3.4 生态转变

从感知角度来看,关于生态转变的理解,会让我们首先意识到我们曾经处于某种过去的"周围环境"中,而较之于"现在"阶段所出现的断裂性变化,需要"转变"表现出一种"缓和的"媒介行为,具体来说,就是在面对气候系统被摧毁或者生物界崩塌的挑战时,通过生态转变来缓解紧张局势和解决生态问题是非常重要的。而从叙述角度来看,生态转变首先需要探寻源状态到目标状态的转换,此时相较于生态转换来说,

"转变"是对行为和感觉中的补充。从这个角度来看,生态转变便涉及行为(actes)、行为者(actants)和模态(modalités)的多样化问题。而从行为者的位置角度来看,比如源头位置、目标位置、控制位置,我们可以从人类的"去中心化"转向与自然的整体性研究。这时生态转变可能会面对"技术中心主义"和"生态中心主义"的对立,"转变"便涉及各观点间的偏移、契合和对立。

比利时列日大学语言学和修辞学系的森米尔·巴迪尔(Semir Badir)副教授,以法国生态转变为例,阐述分析了其体态范畴:20年前曾经处于生态转变,此时涉及"状态"和"活动";法国现在处于生态转变,这涉及暂时性和渐进的"活动";法国已开始处于生态转变,这涉及状态和活动,同样是暂时性的和渐进的。

其他学者根据此主题,谈及了《巴黎气候协定》的转变、红酒的生态符号学转变,等等。

3.5 转变与艺术再现

此主题下的符号学观察,以文化艺术为分析语料,既有关于"产权"的转变,也有"摄影调查"和"电影宗教"的转变。他们借助符号学方法论从"行为者""空间""模态"等角度分析各层级之间的相关性,发现"转变"中存在不确定性、对抗和张力。

4 丰塔尼耶——《法国符号学学会在利摩日大学举办国际符号学会议之后的20年》

作为利摩日大学 CeReS 符号学研究中心的创建者和法国当代符号学研究的权威学者,丰塔尼耶教授针对本次大会的主题,与2001年同样在利摩日大学举办的符号学会议作对比。他在发言中既有历史性回顾,又对当代符号学研究提出了新时代的要求和前景展望。

首先,他作为一个演讲者,向各位同仁、朋友和同学致谢,并以幽默风趣的语言谈及他在演讲中所承担的行为者角色。他还通过回顾在以色列国家演讲时,台下听众是统一黑色面纱着装的经验,由此引起他关于"公众"与"舆论"、"部分"和"整体"、"区别"与"一致"的思考。因此,他指出符号学实践既是令人愉悦的,也是令人疲倦的,因为意指内容的探索总是需要考虑意义的条件、整体下意义潜在的可能性或者是状态转换的条件。

其次,他作为历史的见证者和实践者,回顾了自2001年之后,即这20年的符号学发展。他从以下几个方面进行阐述。

(1)研究论题的提出与解决。他指出2001年的论题倾向于认识论和方法论的研究,有"符号学历史和符号的历史""符号、语言和认知""符号学和美学""非词语符号学和空间性模式""对象符号学""生物的符号学（Sémiotique du vivant）"。其中"生物的符号学"在大会提出之后，2002 年便衍生出关于"生态"（écologie）的概念，并发展出围绕"生活形式"（forme de vivre）的三个研究主方向："社会性模式""感官性的社会符号学""美学符号学"。因此，研讨会是促进理论发展的源泉和动力。

（2）符号学理论存在的问题。第一，关于真实的逻辑，并不能仅仅依靠诚信矩阵（le carré de véridiction），而是应该以此为基础，将陈述活动作为参照体系；第二，关于陈述活动实践（praxis énonciative），它涉及边缘系统（système en marge）和自身系统，面对如今多样化的认识论，在实践平面上符号学研究者依旧对客观化和主观化过程、现象和经验的研究感兴趣。

（3）面对现实背景下的对抗越来越激烈，"真实"的对抗也正在发生，因此符号学需要以一种客观化的方式分析人类学和现象学中的事实问题。总而言之，面对社会现实问题，比如生态问题、疫情危机问题，越来越需要符号学研究者做出假设和解释相关问题。

（4）大会的目标意图始终不变。自 20 世纪 80 年代起，在格雷马斯倡导和主持下，于佩皮尼昂大学（Université de Perpignan）成功地举办了第一次国际符号学会议，使得当时在法国孤立分离的两种符号学研究（格雷马斯理论研究和围绕"哲学"的巴特的理论研究）展开了对话。因此，法国符号学学会举办国际会议的目的始终不变：一是为了使不同符号学理论之间进行对话和碰撞；二是试图用符号学的结构方法论分析解决各领域的问题。

（5）大会越来越具有开放性和世界性。他指出，自 2001 年大会以来，产生了长期稳定的国际影响，因为越来越多的国家开始参与到符号学研讨会的交流中，比如意大利、墨西哥、巴西、西班牙等。

（6）大会不断融入时代元素。2001 年大会中，论题主要涉及语言学、符号学和文化等认识论和方法论问题。而今年的大会，以"转变"为核心，不仅有理论思考，也实现了跨学科交流，并融入时代元素"数字"和"科技"，以及观察当下时代的"社会"和"生态"问题。

最后，丰塔尼耶教授作为符号学家，围绕"转变"这一大会主题，分析了符号学研讨会自 2001 年至今的转变，概括分析了与"转变"相关的四个概念（见下文），并进一步思考"转变"领域所引申的"行为者"问题。

关于大会主题的选择，他认为是科学的，同时也是政策性的，这体现了研究的巨大进步。因为目前人类和社会都面临着巨大挑战，这次大会体现了一种结构式操纵并一直致力于用符号学方法论回答所面临的挑战。2001 年的大会主题《从理论到问题》（des théories aux problématiques），体现了当时研究方向的转变；从 2001 年到 2022 年大会主题的变化，体现了研究开始倾向于解决实际政治政策等问题，还体现了研究领域扩大的转变，比如生态符号学的分类。

与"转变"相关的四种版本的概念。第一种是格雷马斯提出的"转换"（transformation）和"内容重建"（reformulation des contenus），这属于叙述范畴。第二种是洛特曼（Lotman）提出的"爆发"（explosion）（即"突变"）概念。第三种是让·博迪托（Jean Petitot）提出的"形态动态"（morpho-dynamique），指出了叙述的冲动源，但这个概念很少被提及。第四种是法布里·保罗提出的"转化"（transmutation）和"翻译"（traduction）（可作"解释"理解）概念。其中，他重点阐述了第二种和第四种概念。他指出，洛特曼的"爆发"概念展现的是事件性机制，与某种历史的决定主义所存在的规律性（régularité）相对立，但是这与格雷马斯理论中的"内容重建"是相对应的。"爆发"坚持人际互动中的"否定性模态"（modalité de négativité），比如"不可解释""无法预见"等情况。但是这种爆发的"否定性"也展现了其积极的一面，因为它是文化价值创造的活力，会将无法预见和无法解释的情势转变成文化创造的自由。因而，法布里也从中引发其关于"翻译"（即"解释"）、"转化"的多样化（diversification）思考。法布里将待解释的对象看作是"组织性的"，它会存在有内部的选择、组织的"变形"（métamorphose）和"颠倒次序"（transposition），组织形式会存在不稳定性。因此，丰塔尼耶指出"爆发"不仅仅限于文化领域，同样涉及意指的产生过程。换句话说，符号学中的"可变性"（mutabilité）、"弹性"（élasticité）和"变形性"（déformabilité）不仅可以解决"无法解释"的问题，也可以产生新的编码、新的外形和新的意指组织。从这个角度看，似乎整个符号学在关于"意指构建"过程中所遇到的"重建""转化""解释"等问题上达成了共识，而这又都属于"转变"。

在阐述前者的概念之后，丰塔尼耶谈到自己对"转变"问题的思考，即"行为者问题"。首先，他认为行为者开始转向"集体行为者"（actant collectif），因为社会领域的延伸伴随着形式的多样化，比如科技和生态领域，会存在某种限制和某种规约需要集体行为者共同遵守。其次，他认为"异质性"（hétérogénéité）需要"相关性"（pertinence）将多样的互动关系连接起来。最后，他指出在意指的生成行程中，"行为者"（主体和对象）之间附连关系的确定和行为者角色系统先于"模态"的出现，因为"行为者"在多种条件下决定着"模态"，而"模态"又是"行为者"的"谓语"（prédicat）。但是，"行为者"总是不能被完全确定，"未完成状态"（imperfection）也同样作为模态，不断对"部分"进行修补和完善。因此，意义机制是不稳定的且待确定的，意义科学正经受着考验，需要解释者分析"异质性"内部的相关性，因为"行为者"并不像外在表现的那样，在与环境的交互中、在产生的身体感觉中都会存在"潜在性"和"可能性"问题。于是，丰塔尼耶也指出，自格雷马斯开始的激情符号学研究并没有完成，"张力"（tension）、"感性身感"（corps sensible）和"交互"（interaction）等仍旧需要进一步深入研究。

5 符号学盛会之余

除了紧张的会议日程安排,组委会还为参会者准备了"艺术文化之旅"。

2022年4月4日晚间,在利摩日国家艺术学院观看了舞蹈表演。两位表演者通过身体,实现了抽象的舞蹈与音乐的融合,目的是表达出人类在不同时间和空间中与变化着的世界所存在的联系。

4月5日晚间,利摩日大学校长伊莎贝尔·克洛克-丰塔尼耶向参会者介绍书籍《传递正在进行:向丰塔尼耶致敬》(*Transmission en actes. Hommages à Jacques Fontanille*),她利用符号学方法论分别对"传递"和"致敬"进行解释,以此表明书中记录的是丰塔尼耶在"教育""科学研究""符号学传承"中所承担的行为者角色。书中共有6个部分,包括各位学者的见证和对丰塔尼耶理论概念的阐述。而这些丰富的内容可以让读者在人类学、叙述学、美学、视觉符号学和实践符号学等理论中受益。

4月6日晚间,主办单位召开了法国符号学会委员会大会。大会中,法国符号学会会长巴索教授和财务负责人分别汇报了任期内的工作,并选举产生了下一任法国符号学学会会长贝娅艾尔-热丝兰教授和副会长让·阿隆索·阿尔达马(Juan Alonso Aldama)。

6 结语和展望

本次大会的成功举办,不仅是法国符号学与新时代背景结合下的产物,更是鼓舞了在转变时期的研究学者们。因为通过对"转变"的更深层认知,我们懂得即使未来的方向不明确,充满不稳定性和异质性,但法国符号学总能够在曲折中不断发展。

通过这次大会,我们可观察到,符号学需要各个国家、各个领域和各种文化之间的碰撞和交流,这样符号学理论才会被不断注入新鲜血液和活力,才能够不断适应时代的发展。当然,作为与会的中国留学生,我们更需要文化自信,要勇于为中国发声、为中国文化发声,让国际社会更多地了解中国。

参考文献

[1] Basso Fossali, P. *Vers une écologie sémiotique de la culture* [M]. Limoges:Lambert Lucas, 2017.

[2] 格雷马斯, 库尔泰斯. 符号学:言语活动理论的系统思考词典 [M]. 怀宇, 译. 天津:百花文艺出版社, 2011.

作者简介

张彦梅,女,法国里昂第二大学在读博士生,天津外国语大学语言符号应用传播研究中心特邀研究员。主要研究方向为文化符号学、激情符号学、交互实践符号学。

基金项目

本文为中国留学基金委员会的国家建设高水平大学公派研究生项目(与法国里昂大学高等教育集团合作奖学金)的阶段性成果。

法国符号学国际会议上的中国声音

王天骄

1 中国的传统文化如何"走出去"？

近年来，随着中国经济实力的增强和国际地位的提升，中国对外文化交流也日益频繁和深入。在这种情况下，我们国家适时做出了"中国文化走出去"的战略决策并发出了相应号召。正如习近平总书记所强调的："要更好推动中华文化走出去，以文载道、以文传声、以文化人，向世界阐释推介更多具有中国特色、体现中国精神、蕴藏中国智慧的优秀文化。"那么，博大精深的中华文化如何才能有效地走出去，如何才能被国际友人所接受和理解？这个重大问题不仅摆在国家领导人和各领域专家学者的面前，也激发了我们来法国攻读符号学博士学位、并心系祖国的莘莘学子的思考。首先，我国古代具有深厚、丰富的符号学思想，将我国不同时期包涵符号学思想的著作直接翻译成法文，自然是一个重要的途径，但我们也认为，在学好国外符号学专业知识的同时，结合具体的条件，不断探索如何利用符号学这门元语言来阐述和推介我国的传统文化，从而为"中国文化走出去"尽一份微薄的力量，也是我们作为留学生应该做的。换言之，我们应该积极利用自身的学习和交流渠道进行跨文化实践，阐述清楚相关议题，从而加深国际友人对中国传统文化的关注和理解。

2022年4月4—7日，法国符号学学会（Association Française de Sémiotique，AFS）在法国中南部城市利摩日（Limoges）的利摩日大学召开了题为《转变：生态、数字、社会和人类》（*Transitions*：*écologiques*，*numériques*，*sociales et anthropiques*）的国际学术会议。这样的会议按照惯例每两年举办一次，2019年5月曾经在法国里昂召开。而这次会议本应该于2021年春夏之际召开，但由于全球新冠肺炎疫情的影响，推迟到2022年4月举行。应该说，这次的国际会议为中国赴法留学生介绍祖国传统文化提供了一个难得的契机，但同时也给他们带来了不小的挑战，因为对于中国留学生来说，想要真正抓住这个重要的学术机会，不仅需要过硬的法语水平，还要把所学的符号学知识和中国传统文化合理地结合在一起，这样才能在这次国际学术会议上发出中国声音，吸引国外专家学者的目光，使跨文化交际活动取得预期的效果。这里要指出的是，本文所提到的符号学特指法国符号学家格雷马斯（A. J. Greimas，1917—1992）在结构语义分析基础上逐渐创立的"叙述论符号学"（sémiotique），它和索绪尔最初提出的"系统论符号学"（sémiologie）有所不同，叙述论符号学是研究符号间关系的学说，而系统论符号学却局限于对纷繁复杂的符号及其系统进行研究。20世纪70年代以来，叙述论符号学的研究不断丰富和完善,形成了如今声势浩大的"巴黎符号学派"(École Sémiotique de Paris)。

在这次会议上,作为里昂第二大学符号学专业在读博士的中国留学生张彦梅,出色地把符号学分析方法与我国传统文化之源的《易经》联系在一起,作了一场十分精彩的学术报告,引起与会学者的极大兴趣,并受到他们的高度评价。张彦梅师从法国符号学学会前任会长、意大利裔法国符号学家巴索(Pierluigi Basso),是里昂第二大学与里昂高等师范学院合办的"交互、身体、学习和表现"实验室(ICAR)成员、"交互与认知"研究小组(L'équipe Interactions, Cognitions)成员以及"符号学时位"课题组(Instances Sémiotiques)成员,前不久被聘为天津外国语大学语言符号应用传播研究中心的特邀研究员。她的研究重点是用法国叙述论符号学方法来考察中国文学作品中所表现出的人类情感。不难看出,这项研究已经充分体现出跨文化交际的特征,即运用一种相当前卫的分析方法来阐释和推广中国传统的文学文本。从这个角度来说,张彦梅所从事的研究正是"把符号学与中国文化结合起来"和为中国文化"走出去"提供适用工具的工作。

2 对张彦梅发言内容的概述及思考

图1　张彦梅在发言(坐在她右边的是巴黎第八大学贝特朗教授)

《易经》是阐述天地世间万象变化的古老经典,是博大精深的哲学著作。然而,从符号学的观点来看,赵毅衡先生认为《易经》"或许被解读为世界上第一部呈现全部人类经验的符号系统",因此用符号学的方法来解释和研究这部作品不仅是可行的,也是较为合适的。张彦梅的发言正是从这个视角出发,对这部文化经典展开了别开生面的分析。她发言的题目是《"转变"的挑战:和谐的对立面》(Des enjeux face à la transition : des contraires à l'harmonie)。不难看出,这个题目完全契合大会的主题,因为它谈到"转变"和"人类"等方面的内容。在发言中,张彦梅首先强调,在现代社会中,人类似乎已经习惯通过对比而将自我与他人区分开来,这样才能辨认和确立周围的环境。但是,在面对动态转变的复杂性和对立面时,人类行为的目的是协调而非分离。这正如《易经》所强调的那样,人与自然、社会以及人类自身应该和平共生,实现"天人合一"和"天下大同"。可以看出,她发言的开篇部分就已经涉及叙述论符号学的重要概念——"人类区分出自我与他人"就是要告诉大家意义源自差异,意义从根本上来说就是一种"差异效果"(effet de différence),而"动态转变的复杂性和对立面"则进一步揭示出作为意义之源的差异是动态的,而不是静态的。

在接下来的发言中,张彦梅借助叙述论符号学理论分析了《易经》中的"阴""阳"变化,并且详细阐释作为主体的行为者的体态(aspect)、模态(modalité)和时空时位(instance)的变化状况。具体来说,她以《易经》中"乾卦"和"坤卦"的六个位置为例,证明《易经》涉及的"变"并不是"任意的"(arbitraire)变化,而是依据一定的原则,在把握方向和精确定位(即占据天时和地利)的前提下才会发生良性动态变化。随后,张彦梅又以"既济卦"和"未济卦"中的"水""火"两大元素的结合及位置变化为例,阐明宇宙的生生不息得益于"阴""阳"的永久互动。万事万物处于无穷无尽的转变之中,在此过程中挑战与机遇并存。上述发言内容可以让听众自然地联想到叙述论符号学中的重要概念之一——"叙述性"(narrativité),它指的是"一系列状态相互排列和相互转变的现象"。如果我们把"阴"和"阳"看作事物运行的两大状态的话,那么二者交替变化的现象就体现出叙述论符号学所讲的叙述性。同时,"水""火"两大元素的结合也可以看作状态之间的排列。

实际上,在此次之前,已有法国学者对于我国《易经》有过一些比较性研究。现任国际符号学协会副会长、法国符号学学会前副会长、索邦大学语言符号学资深教授安娜·埃诺(Anne Hénault)就曾经借助"阴、阳相对"的例子来说明格雷马斯所创立的"符号学矩阵"(carré sémiotique)。她指出,不同的语义项之间存在两种基本的意指关系:一是"对比关系"(relation de contrariété);二是"排斥关系"(relation d'exclusion)。顾名思义,所谓对比关系就是指一个词项是另一个词项的相反面,二者虽然相互冲突,但仍旧可以共存;而排斥关系则表明一个词项是对另一个词项的否定,二者相互矛盾,不可共存。埃诺用图示的方法将上述观点表示出来。

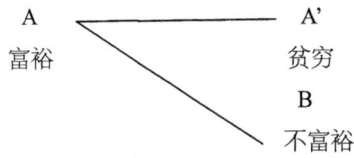

图 2　符号之间的对比关系和排斥关系

如图所示，词项 A 的对比项（或者说相反项）用 A' 来表示，而它的否定项用 B 来表示。A 与 A' 可以共存，但 A 与 B 不可共存。如果字母 A 表示"富裕"的话，那么"富裕"的对立项就是"贫穷"，而它的否定项是"不富裕"。埃诺认为，《易经》中所讲的"阴"和"阳"之间维持着一种对比关系，而非排斥关系。换言之，"阴""阳"互为对方的相反面，尽管二者相互对立，却可以共存于同一个系统之中，这种对立统一的关系孕育出生生不息的万事万物。埃诺还认为，"生死对立"和"昼夜对立"只不过是阴阳二元对立的具体表现形式。埃诺的分析表明，法国叙述论符号学研究很早就和《易经》中朴素的哲学思想联系在一起。这也再次说明，把叙述论符号学和我国《易经》结合在一起进行研究是可行和必要的。

张彦梅的研究更侧重于《易经》中的辩证关系和动态概念。她首先以叙述论符号学的基础知识为线索，循序渐进地为中外学者阐释了《易经》所蕴含的丰富思想。在她的精彩讲解中，与会代表充分认识到，尽管意义的多维性和行为者身份的不确定性会给人类认识世界带来某些相异性和困难，但它们也会促进人类文明的和谐发展，增强文化社会的多样性。随后，她的发言很自然地过渡到对《易经》所主张的"和谐"理念的分析。"和谐"目标最终会引发我们三方面的反思：首先，意义从来都不是任意的，它生成于"陈述活动"（énonciation）和周围环境的交互之中；其次，个体与个体之间以及不同的文化群体之间都存在有"异质性"（hétérogénéité），面对这种情况，和平共处、求同存异才是保证社会健康发展的理想之路；最后，人类在追求科技进步发展的同时，应时刻思考人与自然之间相辅相成的辩证关系，从而遵循自然的发展规律，确保人与自然的和谐共存。

3 与会学者对发言的看法或评价

张彦梅的发言题目新颖，内容丰富，实现了《易经》和叙述论符号学方法论的联姻，这自然引起了与会专家和学者的极大兴趣。据笔者观察，在张彦梅发言的过程中，在场听众的目光都被张彦梅展示的 PPT 所吸引。张彦梅的发言被安排在会议开幕后的第二天，显然是作为这次符号学国际会议上的一大亮点来考虑的。由于与会代表平常很少能够听到这方面的内容，所以都希望从这次发言中获得某种灵感，从而促进自己今后的跨学科研究。张彦梅发言结束后，获得了大家的热烈掌声。笔者也尝试就发言内容与几位符号学权威进行交流，询问他们对发言的看法。

波尔多第三大学符号学教授安娜·贝亚尔特—热丝兰（Anne Beyaert-Geslin）在这次大会上当选为法国符号学学会新一任会长，她对张彦梅的发言给了高度评价，认为她"正在进行一项重要的研究"，并邀请她参加以后在波尔多举办的下一次法国符号学会议。热丝兰教授作为研究图像符号学的专家，对中国文化哲学产生了浓厚的兴趣，并希望能通过合作对"太极八卦"这一图像进行跨文化视角研究，以使法国人更加了解中国文化。

巴黎第八大学符号学教授德尼·贝特朗（Denis Bertrand）是法国符号学学会的前任会长，非常肯定张彦梅的发言，并认为《易经》中的"阴阳卦爻"与符号学中的"组合轴"（syntagmatique）和"聚合轴"（paradigmatique）有相通的地方。贝特朗教授鼓励中国学者在这个方面深入下去，并希望法国叙述论符号学思想能够在中国有进一步的传播。

利摩日大学符号学研究中心（CeReS）专职研究员、利摩日大学符号学资深教授伊万·达罗-哈里斯（Ivan Darrault-Harris）对张彦梅的发言给予积极肯定之余，对《易经》中的"卦爻"谈了自己的看法。他认为，可以将"卦爻"与符号学中的义素分析结合在一起："阳爻"（—）和"阴爻"（--）可以看作《易经》系统中两个最基本的"义素"（sème），而八卦（乾、兑、离、震、巽、坎、艮、坤）则可以看作"阳爻""阴爻"这两大义素排列组合而成的八个"义位"（sémème）。从这个角度来说，《易经》或许可以被视为自成体系的一种解释万事万物的"元语言"（métalangage）。

张彦梅的导师巴索教授提前审阅过她的发言稿，称赞她的研究是一项全新课题，鼓励她把研究深入下去，争取写出高水平的文章，并在知名的专业刊物上发表。

几位学者对张彦梅发言的评价让我们获得以下两点启示。

（1）在现代西方语言学基础上逐步发展起来的法国叙述论符号学，被认为已经成为人文社会科学研究中的某种行之有效的描述工具，中国学者似乎可以将其"拿来"尝试应用于对《易经》和其他我国经典的包涵符号学思想的著述的研究之中。

（2）张彦梅把叙述论符号学当作交流工具，向西方知识界阐述我国的经典文本《易经》，这种做法的本质是用西方人听得懂的语言来介绍我国的传统文化。张彦梅在这次大会上的发言是出色的，可以说是"中国文化走出去"的跨文化交际活动的一次成功实践，值得其他学者思考和借鉴。

张彦梅表示，有感于多位学者对于她的发言的肯定，也为了不辜负大家的鼓励，她将对她的文章做进一步的修改和深化。我们也期待着看到她的文章正式发表的那一天。

参考文献

[1] Zhao Yiheng. The fate of semiotics in China [J]. *Semiotica*, 2011（184），278.

[2] Groupe d'Entrevernes. *Analyse sémiotique des textes* [M]. Lyon：Presses Universitaires de Lyon，1979，59.

[3] Anne Hénault. *Les enjeux de la sémiotique* [M]. Paris：PUF，2012，74-76.

作者简介

王天骄,江苏徐州人。法国巴黎第四大学语言学博士,天津外国语大学语言符号应用传播研究中心特邀研究员、讲师。

《语言与符号》征稿启事

《语言与符号》为天津市普通高校人文社会科学重点研究基地天津外国语大学语言符号应用传播研究中心编辑出版的中文学术辑刊、中国语言与符号学研究会会刊。著名学者、北京大学资深教授胡壮麟先生任编委会主任，中国语言与符号学研究会会长王铭玉教授任主编，北京航空航天大学出版社出版。主要刊登符号学和语言学方面的学术文章，设有思想快递、理论研究、学术专栏、论文选登、译文选登、书刊评介、人物访谈、学术动态等栏目，旨在为我国学者提供学术交流平台，推动语言与符号学研究在我国的发展。

投稿请发至 yuyanfuhao@163.com，审稿周期为 4 个月，4 个月未回复采用可另投他处。稿件刊出后将赠送两本样书。

欢迎赐稿！

稿件体例：

Peeter Torop 的文化符号学翻译观

×××

（××××大学）

摘　要（宋体小五）

关键词（宋体小五）

英文题目（Times New Roman 四号）

英文作者姓名、单位（Times New Roman 五号）

英文摘要（Times New Roman 小五）

英文关键词（Times New Roman 小五）

1. 前言（宋体小四加粗）
2. 文化符号学
　　2.1　塔尔图—莫斯科符号学派（宋体五号加粗）
　　2.1.1　塔尔图—莫斯科符号学派的理论基础（宋体五号加粗）
　　2.1.1.1　俄罗斯的传统人文思想（宋体五号）
　　正文（中文为宋体五号，外文和数字为 Times New Roman 五号）

引文夹注格式：（刘润清，2002：403）、（Richards，1986：8）

脚注每页重新编号，序号为带圈的阿拉伯数字，不使用尾注。

参考文献

［1］ Allott, R. Language and the Origin of Semiosis ［A］. *Origins of Semiosis: Sign Evolution in Nature and Culture* ［C］. Berlin: Mouton de Gruyter, 1994: 255 – 268.

［2］ Barnstone, W. Translation Theory with a Semiotic Slant ［J］. *Semiotica*, 1994, (1/2): 89 – 100.

［3］ Gorlée, D. L. *Semiotics and the Problem of Translation* ［M］. Alblasserdam: Offetdrukkerij Kanters B. V., 1993.

［4］ 陈宏薇. 社会符号学翻译法研究 ［J］. 青岛海洋大学学报, 1996, (3): 88 – 93.

［5］ 霍克斯. 结构主义和符号学 ［M］. 瞿铁鹏, 译. 上海: 上海译文出版社, 1997.

作者信息：姓名、性别、单位、职称、学位、主要研究方向、邮箱地址
基金项目：项目名称、项目号

中心网址：http://yyfh.tjfsu.edu.cn/
电子信箱：yuyanfuhao@163.com
办公电话：(022) 23230917
通信地址：(300050) 天津市和平区睦南道28号天津外国语大学语言符号应用传播研究中心